とらわれず、しばられず

パリ――東京

今日、今を生きる美しい人

島田順子

集英社インターナショナル

いつの間にかファッションデザイナー
になっていました。
いつの間にか憧れていた
パリの住人になっていました
知らないうちに年を取っ
ていました……
さあ これから何をしよう。
どこに向って歩いて
いこう……わたし、ひとつの細胞の。
アミーバの様に……

島田順子

Table of contents

人をもてなす

Making guests feel welcome

Chapter 01

ある週末。マルシェから戻った順子さんの腕には
旬の食材や、季節の美しい花がどっさり。
パリの自宅やブーロンマーロットの田舎の家、そして東京や館山。
人をもてなすことが大好きだから、それぞれの家にゲストを招いて、
美味しい食事を作りお酒と会話を楽しむ。
人生を彩る、かけがえのないひとときが流れて。

ブーロンマーロットでゲストをおもてなしするときは朝から大忙し。マーケットで両手いっぱいにお買い物をして帰宅したところ

1. Bourron-Marlotte

週末は地元の友人たちをディナーに招いて

1　ブーロンマーロット在住のクリエイターの友人たちを招いての飲茶パーティ。気の置けない親しい仲間との食事はいつも笑顔に満ちて美味しさも格別。2　皿やカトラリーはたくさん用意して各自が好きなものを好きなだけ取り分けて楽しむのがいちばん。3　前菜は大皿にサーモンとフォアグラをたっぷり盛りつけて。いんげんのグリーンが目にも鮮やか

4

5

6

4・5　スペインで買った思い出の大皿にレタスを敷きつめ、あつあつに蒸した点心を大胆に盛りつけて。6　アンティークの大きな鏡やシャンデリアが飾られたダイニング。あちこちに生けた花とキャンドルの柔らかい光に包まれて、パーティの夜は温かく流れていく。「食べることは、私にとってとても大きな関心事。健康のためという理由ももちろんあるけれど、一食たりともおろそかにしたくない。豪華で美味しいものを、という意味ではなくて、簡単なものでもきちんと味わっていただきたいと思うの」

毎週日曜に開かれるマルシェでディナーの買い出し。庭の花もたくさん使うけれど、花の少ない時期にはマルシェで選ぶ

1　帰宅したらまずは花を生ける。「今日はピンクとオレンジの薔薇をチョイス」。順子さんの花の生け方はとにかく大胆かつ無造作。さまざまな形や大きさのアンティークの花瓶がみるみる花々で満たされ、存在感を放つ。「たまにあまり好みでない花束をいただくこともあるけれど、思いきってうんと短く切ってしまって丸い大きなボウルに生けたら思いのほか素敵になったり。要はアイデア。お花もうれしいわよね」　2　キャンドルを灯すのもお客さまを迎える大切な準備。きれいにロウがたれる白い長いロウソク、こだわっています！　3・4・5　磨き上げたカトラリーやグラス、大皿小皿の準備も万端

花を飾ってキャンドルを灯せば
楽しいひとときの始まり

1

2

5

4

3

1

2

2. Paris

娘の今日子さんと盛り上げた野外バースデイ

1・2 野外ピクニックの趣向で開いた、孫の今ちゃんの誕生パーティ。幸い天候にも恵まれ、緑の中のさわやかなパーティとなった。IMAのシルバーのバルーンに今ちゃんも大喜び

3　ハムを挟んだバゲットやポテトチップスの簡単な食事も可愛い紙コップや紙皿で気分を盛り上げて。サングラス姿も迫力！

4　主役の今ちゃんは9歳に。「娘より性格が私に似ているかも！」 5　今ちゃんのパパのお祖母さまも参加。ふたりともカジュアルなパンツ姿が決まっている

3. Tokyo

取材で親しくなった阿川さんは大切な友

1　東京の自宅近くのイタリアンレストランでパンの買い出し。2　鶏肉はたっぷりのすり下ろししょうがを揉み込んで下ごしらえ。3　料理の合間にちょっと一杯も楽しい。4　前夜から水に漬けておいた豆を炊いて目にも鮮やかなサラダを。5　白ワインや蜂蜜で最後の味つけをした鶏肉にはたっぷりの玉ねぎスライスや冷蔵庫にあったりんごも加えてオーブンへ

6　キッチンで大忙しの順子さんをパチリ。エプロンは使わずリネンをさっと腰に巻いた姿がカッコいい。7　大鍋に野菜をたくさん入れてスープを。新鮮な野菜を使えば余計な味つけは不要。柔らかく煮込んだらブレンダーでポタージュに。8・9　パリの形を模したガラスのダイニングテーブルに今ちゃんとお皿やカトラリーの準備。今日は和の気分で鮮やかな黄や緑の色が美しい九谷焼をチョイス。10 「さあ、チキンが焼きあがったわ、早くいただきましょう！」

1

2

「久しぶり、お元気だった？ まずは乾杯しましょう！」

1　阿川佐和子さんをお招きするのは約1年ぶり。「前回は確か新婚間もないころでパートナーもご一緒で、おふたりの仲むつまじい姿が初々しかった。カレーを作ったわね」。展示会ごとに順子さんの服がクロゼットに増える阿川さん。今日は花模様のアンサンブルで。2　阿川さんの手土産は苺。「そのまま出すのはちょっと味気ないから半分をシャンパンとともにミキサーへ。それを残り半分の苺の上にかけるだけよ」。そのひと手間でこんなに素敵なデザートができ上がる。料理上手の阿川さんもびっくり

3　オーブンから出したばかりのチキン。りんごの甘酸っぱい香りがほのかに漂って食欲を刺激。4「二度目にお会いしたとき、順子さんは私の顔をじっと見つめて『あなた、プロね』と身に余る言葉をくださった。そのひと言を肝に銘じ、自らの支えにしています。順子さんは何でも直感的に見通される。そんな野性的なところが大好き！」

〝ゲストひとりひとりに喜んでもらえるメニューを考える幸せ〟

　フランス、パリ郊外にあるフォンテーヌブローの森。そのほど近く、自然あふれるブーロンマーロット村に、島田順子さんが週末を過ごす家がある。

　広々とした敷地と緑の庭。18世紀に建てられたという古い家は、作曲家のジュール・マスネが所有していたという館。パリ・モンマルトルにある家と同様、「ひと目で惹きつけられて」、30年ほど前に所有した。週末には愛車を1時間ほど走らせ、吹きわたる風や、深い樹木の中でビジネスの疲れを癒やしている。

「私の好きな作家、オスカー・ワイルドも投宿していたことがあると知ったときは、感激しました。とても素敵

庭から見たブーロンマーロットの母屋。大きなマロニエの木が心地よい木陰をつくる奥に別棟がある。向かって右側にはテーブルと椅子があり、そこで食事をすることも多い。広大な庭のあちらこちらに椅子やテーブルが配され、まるで公園のようなすがすがしい空間

じゃない？」

そう語る順子さん。古びて埃まみれだった家を、大改装。納屋を壊してキッチンや大きなダイニングルームに造り上げ、壁を白の漆喰に塗り替えて、小部屋を広くし……と、自身の理想とする住まいへと変えていった。インテリアも、諸外国から集めたモダンなものから、歴史を感じさせる骨董家具などが、年代を超えて調和している。

そして陽光にきらめく、鏡やクリスタルの花瓶、大量のグラスや燭台。

「なぜだかわからないけれど、透きとおったものがとても好きなのです。どこか儚《はかな》げだからかしら」

この美しいウィークエンド・ハウスは、ひとり、ゆったりと過ごすだけではなく、人と話すことが好きな順子さんにとって、さまざまな人たちとの憩いの場にもなる。

訪ねて来るのは、パリの友人はもとより、この村に住むようになってから知り合った芸術家たちやゴルフ仲間。幅広い年代の人々を招いて、料理の腕をふるい、会話を楽しむ。

このとき、おもてなしに欠かせないのが一冊のメモ帳。ゲストたちの、それぞれの好みの味を、自ら記したものだ。

「お招きしたことのある、ひとりひとりの好きなものを、簡単だけどメモしてあります。あの方は、お肉より魚が好きとか、野菜は何が好きで、何が好みではなかったとか、デザートの好みや、どんなお酒が好きか。それから趣味が何だったかなども。それを見ながら、あれやこれやとメニューを考えるのです」

メニューが決まると、旬の食材を求めて車で買い出しに。

「フランスは農業国だから、野菜が豊富です。村には自然農法の野菜を扱っているＢＩＯの店が、あちこちにあって助かりますね。パリ市内ではなかなか手に入らない採りたて野菜や、旬のもの、たとえば私の好きな筍を見つけて大喜びしたりするわ。新鮮な魚介類もあるから、選びながら頭の中で、さっとメニューを組み立てるの」

欲しい食材が見つからないときには、見つけるまで探し回り、気がつけばずいぶん離れた店まで行っていることもあった。

「美味しい料理を作って、皆さんに喜んでもらって、楽しい時間を過ごしたいだけ。こういうことは苦にならないし、全然、労を惜しみません」

香ばしい焼きたてパンの店や、チーズやハムの店とも顔なじみだ。

「卵はね、時々、家の掃除をお願いしている村のおばさんがいるのだけど、彼女の家で飼っている鶏が産む、新鮮なものを、分けてもらっているの。コクがあってオムレツにも最高よ」

家に戻るとまず、飾る花の準備を始める。庭に出て、かぐわしい香りを放つ薔薇の茎を切り取っていく。当初は何もなかった庭に苗木を植え、慣れないながらも大切に育てた。今では群れるように咲き誇る。季節によって、牡丹や芍薬、紫の菖蒲といった和花も美しく開く。

「私の人生に、空気と同じくらい花は欠かせません。パリでも東京でも、家のあちこちに飾ります。花があるだけで、家全体がみずみずしくなるし、ゲ

1・2　紫の色鮮やかな菖蒲が美しく咲きそろう6月。田舎の家に着いたらまずは花の収穫から週末が始まる。長く茎を残した花々を一本ずつ花瓶に挿して並べる。こんな飾り方、誰が思いつくだろう。さっそくまねたいアイデア

ストにも喜んでいただける。『きれい』のひとことをもらえるだけでうれしいの。花のない冬場は、市場や花屋で買って運びます」

野原に咲く
たくましい草花に惹かれ

週末モンマルトルの自宅から、村の家に向かう途中、野原に咲く草花をどっさり摘んでくることも。

「夕暮れ時、野原がとてもきれいなの。私は野生の花がとても好きなのです。温室で育てられたものより生命力を感じるし、香りも強いでしょう。あるとき野原の小花を摘んできてくれた人がいました。豪奢な花束をいただくのもうれしいけれど、心がふわっと温かい気持ちになったわ」

庭で集めた切り花を、あまたあるどの花瓶に生けるのか、考えながら挿していくのも幸せな時間だ。

「花が、もっとも美しく見える花瓶を考えます。物はただの物ではないのね。双方が惹かれあう関係があると思っています。だから街できれいな花瓶を見つけると、次に使えるかもと思って、つい余分に買い込んでしまうの」

マニュアル的な生け方は好きではない。あくまで自分の感性で自由に表現したいから。

「ずっと自己流。その花がいちばんきれいに見えるバランスがあるから。花によっては、ばさっと投げ込むようなときもあります」

テーブルクロスをかけるよりも、メニューやお皿に合う、ランチョンマットを敷く。かしこまったディナーが好きではないからという。

「給仕の人が順番に料理を運んできて、下げていくような、ブルジョアの堅苦しい食事は、好きではないです。気どって食べても、全然、美味しくない。食事はなごんで、くつろいでいただくのがいちばんね。食べて、飲んで、笑い合う。それこそが皆で集う楽しみでしょう」

フランスでなじんだ くつろぎのディナータイム

ヨーロッパの多くの国がそうであるように、フランスも、招かれたゲストが集まってくるのは夜の8時ごろ。夏はまだ外が明るいからで、ディナーが始まるのは9時近く。そのころに料理ができ上がるように、順子さんはキッチンへと入る。

まずはメニューに合わせての食器選び。好みの大ぶりな器や皿が、迷うことなく、次々に大型の食器棚から取り出される。

「このお皿に盛ったらきれい、真っ白なレリーフにグリーンのアスパラが映えるわとか、直感で手に取ります」

「食器はしっとりした、薄くて手ざわりのよいものが好き。直接、お皿に口をつけるわけではないけれど、そういう質感って伝わるでしょう、カトラリーはクリストフルが多いけど、手にしっくりなじむし、バカラのグラスも、口あたりがよくて好きですね。高価だからではなくて、大人の食事によい食器は必要だと思います。アンティークショップや蚤の市で、安価でも、感触のいい、シャンパングラスなどを見つ

マルシェで買った薔薇を手際よく花瓶に生けていく。花をさわっているときの順子さんの幸せそうな表情が印象的

〝エスプリの利いた会話が飛びかう夕食〟

いっても順子さんは着替えることもなく、エプロンもそのまま。

「着替えるなんて、ほとんどの場合しないわね。料理に忙しいから口紅もつけられないくらい。でも、これが私だから、素のままでいいのではないかしら。よく見せようなんて全然思わないし、自然なままでいたい人間だから。それに来てくれるのは、気の置けない人たちばかりですしね」

それからはアペロの時間。フランスでは、ディナーまでのこの時間を、好みのお酒を飲みながら、大いに楽しむ。ゲストには、シャンパンやジン、ウォッカなどを用意。ブラックチェリーなどをつまみに、居間で盛り上がる声を聞きつつ、順子さんはキッチンで仕上げをする。

「私の友人たちは、皆、お酒が強いし、けるのも楽しみです」

アペロ（アペリティフ）で過ごす大人の時間

腰にカフェスタイルのエプロンをさりげなく巻いて。これがキッチンでのいつものスタイル。

「昔から、決まりきったレシピには関心がありません。すべてが目分量で、調味料を何グラムとか量ったことはないわ。砂糖は使わなくてほとんど蜂蜜。料理は感覚でしょう、素材がよければなんでも美味しくなりますし、思わぬ組み合わせを考えるのが、すごく楽しいの。美味しいものは、招く人への愛情だと思うのね。真心を込めれば、なんでも美味しくできるはず」

ゲストが訪れて、にぎやかになって

薄手で繊細なアンティークのグラスの感触が大好き。「割れやすいけれどそれも承知でどんどん使って楽しみます」

おしゃべりね。欧州では、アペロが楽しめないと、大人とは言えないですね。ディナータイムは、もうここから始まっているの」

「美味しい」の
ひとことがうれしくて

　やがて皆がテーブル席に着いて、夕食が始まる。たいていは日付が変わって、午前1時ごろまで続く。皆、順子さんの料理と、そこでかわされる会話を楽しみに訪れるのだ。

「料理はいつも、いくつかの大皿に盛って、自由に自分のお皿に取り分けてもらう形です。美味しいパンやチーズ、その日によって、パスタやりんごパイなども準備します。笑顔で美味しいと言ってもらえると、本当に幸せ。人に喜んでもらうのは、私の生きがいのひとつでもあるの。料理の腕前うんぬんより島田流『心料理』を楽しんでもらえたら何より。この時間があるから、人生っていいわと思える」

　舌鼓をうちながら、ワインが何本も開けられ、会話はとめどなく広がっていく。

「お互いに、最近観た映画やオペラ、バレエ、コンサートなどについてあれは面白かったとか、シニカルさが足りなかったとか、ちょっと物語としては深みに欠けていたね、とか批評しあうんです。もちろんマクロン政権はじめ今、世界で起こっているさまざまな出来事についても話し合いますよ。

　皆、ジャンルを問わず好奇心がいっぱいですし、だいたいフランス人はすごくおしゃべりですから、ときには楽しく白熱してものすごく面白いの。エスプリに富んでユーモアもあるし、本当の教養を感じます。

　素敵だなと思うのは、知らないことは、知らないと、知ったかぶりをしないで素直に質問したり、教え合ったりする姿勢ね。誰も見栄を張らない。とても大切なことよ。私もまだまだ知らないことだらけで、たくさん教えてもらいます」

　かつて、哲学といった話にはまったく興味も知識もなかった。娘の今日子さんの大学の入学資格試験（バカロレア）に、プラトンについての質問があったことで「ほぉ」と興味を持ち、古代ギリシャの哲学書を読みふけることに。学びながら、会話に参加できるようになって格段に面白くなったそう。

「いつも思うのは、会話には、世代や

ブーロンマーロットに若い人を招いての食事会のテーブルセッティング。チーズも無造作に並べて

年齢は関係ないということですね。お互いに率直に話しますし、尊重し合います。そしていちばん素敵なのは、誰も人の噂話をしないということ。これは人づき合いの基本。陰口はエレガントではありませんね。

　それからどんなに親しくても、相手の心に土足で踏み込むことはしないの。心はとてもオープンだけれど、そういう心遣いができる人たちだから、長くおつき合いが続くのだと思います」

　大勢の人たちを迎え入れて、もてなしたいという順子さんの心。そこには、館山で生まれ育った時間が関係しているのかもしれない、という。

「実家が、お豆腐屋でした。商売をやっていたので、働いている人もたくさんいたし、人の出入りが多かったの。お客さまもよく来られた。広い上り端に、日本酒の一斗樽が置いてあって、よく祖父がふるまい酒をしていたと聞きました」

　そんなとき、祖母は酒の肴を手早く作った。

「きゃらぶきや筍の煮ものやら、山菜とお揚げの煮びたしとか、季節の素材を生かしたものを」

　素朴だが美味しかった。

「幼少期から、人を招いてもてなす環境に育ったことは、とても大きかったと思っています」

　ブーロンマーロットの家には、地下に小さな教会があり、年じゅうひんやりとしていることから、カクテル・パーティをすることもある。

「若者たちだから、お肉をたっぷり用意。シンプルに肉を焼くのって意外に難しいけれどみんな大好きね」

「所有して、しばらくしてから気がついたの。びっくりしました。11世紀に造られたものでした。昔は宗教の弾圧などのために、キリスト教徒はあちこち地下に教会を造って、運河や地下道をつたって礼拝をしたそうで、その名残だったのです。暗くて埃だらけだったけれど、きれいにして、華美ではないシャンデリアを取りつけました。それでも明かりが足りないから、人を招くときには燭台に、何本もロウソクを灯します。いい雰囲気ですよ」

ピアノが置いてあり、ゲストによっては、ジャズ・パーティになることも。「自宅から、コントラバスを持ってきて、弾いてくれる人がいたりとか。即興の演奏会が始まります。皆、飲んだり、しゃべったり、陽気に踊ったり。とても素敵な時間です。デザートには、ジンジャー・ショコラなどが人気で用意します」

幸せな時間は夜更けまで続いて、帰る人もいれば、宿泊していく人たちも。順子さんはゲストルームへと案内。

寝静まると、きれい好きな順子さんは、ひとり食後の後片づけに入る。終わるのは、午前3時をすぎることも。「夜中に家事をしていても全然、疲れません。ひとつひとつ、手で洗うことが好きなので楽しみます。今夜、皆が喜んでくれたわと思うと、それだけで気持ちが満たされているのね、きっと。

春の初めだから、次はたんぽぽの葉をどっさり摘んで、サラダを作ってあげようなんて考えながら」

銀のカトラリーは洗ったあと、ネルで丁寧に磨き上げる。

「ついでに水銀ガラスの燭台も磨きます。何とも柔らかい光、感触の虜で、昔、デンマークのアンティークショップで集めたものです。18世紀に教会で使われていた品だけど、今はもう、どこにも見あたらないですね」

翌朝。ハグをして皆を見送るとき、必ず添える「また近々、いらして」の言葉。ゲストは「もちろんよ、メルシィ。今度はうちに来て」と、笑顔を残していく。帰ったあと、今度はゲストの使ったシーツや枕カバー、タオル類などの洗濯に追われるが、それもまた楽しくてたまらない。

「庭の木と木の間にロープを張って、お日さまに干すのが最高ね。館山でも同じことをしていたと、懐かしく思い出します」

むろん、誰も招かない静かな週末もある。雨の日は雨音を聞きながら、編み物をして過ごすことも。

「でも結局、自分のためだけに時間を使うことは少ないの。毛糸の靴下を何足も編みながら、これはあの人にプレゼントしようと手を動かしている」

スタッフの健康を気遣ってランチの準備

パリ・コレクションに追われる時期。パリのアトリエは、準備に慌ただしい日々が続く。モデルが出入りし仮縫いが行われ、再調整に明け暮れる。成功

パリ・コレクションの準備には毎回、日本チームが参加。パリ到着後すぐに打ち合わせが始まる。そんなとき順子さんは長時間のフライトで疲れきったスタッフのために自ら向かいのカフェにランチを買いに走ることも

させるため一丸となっていくこのとき、いちばん忙しいはずの順子さんが、真っ先にスタッフの健康を気遣う。通りの向かいにあるカフェに走り、デリバリーのオーダー。

ある日のスタッフランチ。日本語の新聞紙を敷いてグリーンをあしらうだけで、あっという間におしゃれなテーブルに変身

「村の家で仕事になるときは、皆の食事用に、サラダやチーズ、フルーツなどを買っていきます。若者には断然、肉食。ステーキやハンバーグを焼きます。若い人の豪快な食欲は見ているだけで気持ちいいわね」

　毎日、わずかなことにも心を込めて暮らす順子さんが、アニバーサリーにはより思いを注ぐ。特に孫の今ちゃんの誕生日には、毎年、愛情を伝えてきた。贅沢な品物ではなく、思い出を。

　昨年は、そんな母の思いを継いだ娘の今日子さんが、今ちゃんのバースデイ・パーティを公園で開いた。

「娘が通っていた学校の庭でもある、モンソー公園というところで。慣れ親しんだ場所で、ピクニックみたいに祝いたい、と考えたのですって」

　太陽の下、子どもたちは草の上を駆けまわり、気持ちのいい週末となった。

「とてもいい案だと思いました。食事も気軽なランチパック。パンとフライドチキンと、果物ぐらいの。主役は子どもたちだから、こういうやり方もありね、と教えられたわ」

　クリスマスイヴや、大晦日から新年にかけては、ブーロンマーロットで過ごすことが多いという、順子さん一家。友人たちの家族も招いて、特別な夜を祝う。

「泊まり込んで合同のパーティという形です。それぞれの子どもやお孫さんたちも来るから、それはもう、大にぎわいなの。皆さんちょっとだけおしゃれしてね。犬も連れてくるから、何匹もが家じゅうを走り回っています」

　大きなもみのクリスマスツリーの下には、子どもたち向けの、色とりどりのリボンをかけたプレゼントの箱が並ぶ。

ニューイヤーズイヴに花火を打ち上げて

「まだ、サンタクロースを信じている年齢だから可愛いわね。私は手作りのものをあげたいのだけれど、時代もあって、やはりどこの家の子もゲームを欲しがるみたいです」

　子どもたちが、チョコレートやボンボンを食べ始めると、大人たちはまずはシャンパンで乾杯。

「大人数ですから、さすがに料理は持ち寄ってもらいます。手作りやデリのものとバラエティに富んで楽しいわ。私がいつも用意するのは、デンマークの絶品といわれるサーモン。一尾2キロほどのものを購入してスライスします。欠かせない七面鳥には、栗やソーセージ、味をつけたひき肉や、細かく刻んだトリュフを混ぜておなかに詰め込みます。大人にも子どもにも喜んでもらえる味なのよ。あとは、シンプルにじゃがいもを焼いたり」

　オーブンから香ばしい匂いが漂うころには、常備しているアボカドを使った、山盛りのサラダを手早く用意してテーブルに。ロウソクを灯して聖夜が始まる。

　また、昨年の大晦日の夜には、広々とした庭で200発もの花火を、間断なく打ち上げた。

「光のシャワーみたいで、ものすごくきれいでした。皆、顔が輝いて気分は最高。ああ、今年も終わるわと思いながら」

　子どもたちが眠ると、大人たちはワインを飲みながら語らい、夜更けて年が変わる瞬間を迎える。

「信頼しあえる人たちと、年の変わり目を共有できるなんて、うれしくて素敵なこと。『新年、おめでとう！』『今年も、たくさん幸せなことがありますように！』とグラスを合わせます」

　翌朝の元旦には、順子さんは簡単なおせち作り。エビや錦糸卵で彩られた、ちらし寿司が新年の朝を飾る。

　3カ月に一度ほど、パリ・東京間を往き来する生活を、もう40年近く送っている順子さん。滞在期間が短い東京では、どうしてもビジネス中心の日々となる。それでも寸暇を惜しんで、故郷・館山へと出かけていく。

「時間に追われるだけでは、心がしぼ

「今日は買い置きがハンバーグしかないのよ。待ってて」。おなかをすかせたスタッフに手早くハンバーグを焼いてくれた順子さん。メロンを添えただけでなぜかこんなにおしゃれに。愛犬のもみじもいい香りにつられて「私にもくださ〜い！」

〝懐かしい館山の家に戻ると不思議に心身の疲れが癒えて〟

んでしまうから、慣れ親しんだ山や海に、癒やされにいくのです」

天気がよければ、ヨットでクルーズしたり、ゴルフをしたり。そんな合間にも、親しい人たちと語らう食事時間を、必ず持ちたいという順子さん。

「東京の友達を誘ったり、地元の知り合いを招いたりします」

休息を求めて行きつつも、結局のところ、誰かのために動き、幸せな時間をともにしたくなるのだそう。

館山の山中にある和風の家は、町なかにある家業の豆腐店の家を離れて、晩年に父母が移り住んだ懐かしい家。瓦屋根の平屋で、昔ながらの木枠のガラス窓と、畳間が美しい風情のある建

パリの友人を館山に招いたときの夕食のテーブル。南房総名物の玉子巻き、島田豆腐店製、薬味たっぷりの冷や奴、豆のサラダ、とうもろこし、枝豆などが並ぶ。でもいちばんのごちそうは地元ならではのサザエの壺焼き！

1

2

物だ。家具もパリや東京の家とは違う、檜や籐を使った、和のテイスト。順子さんが大好きだったという祖母が使っていた器も、金継ぎをしながら今でも大切に使っている。

「館山では、やはり魚介を中心としたメニューを考えて、魚屋さんに出かけたり届けてもらったりしています。サザエは欠かせませんね。七輪でじっくり焼いて、ジュッとしょうゆをたらすだけなのに、どんなごちそうもかなわない。あっという間に殻の山ができます」

　一方、東京の家は、皇居近くにある見晴らしのよいマンションの最上階。板張りのテラスからは、都会の街並みがぐるりと見渡せ、東京タワーや、遠くスカイツリーも眺められる。夜は丸の内のビル群のきらめく夜景が、映画のシーンのように美しい。

会えないときにも 必ず電話を

「もともと、夫の実家の一軒家があった場所ですが、手放したあとマンションが建設されることになって。ここに引っ越してきました。私の仕事の拠点がパリなので別居結婚という形をとっていましたから、私がパリから帰るたび、一緒に過ごしてきた東京の家です。結婚して23年、悲しいことに、２０１１年、病気で亡くなりましたけれど」

　家具は、夫が好んだという、英国のものを置いてあるが、ダイニングテーブルは、パリの家と同じもの。パリの形を模したガラスのテーブルにセーヌ河に沿ってエッフェル塔をデザインした脚を付けた。


「テラスで何もせず、雲の流れなどを見ながら、ぽかんと空っぽになる時間も大切だから作ります。でも、友達とはできるだけ会いたいので、日時を合わせて招いたり、招かれたりしますね。難しい場合でも、必ず電話であれこれ話します。メールはあまり好きではないですし、やはり生の声が聞きたいじゃない？」

　スケジュールが合えば、二日ほど前から、料理のメニューを考え始めるのはいつものこと。

「季節感たっぷりのものを出したいのね。旬のものは栄養豊富で体にもいいですから。春なら山菜ごはんと、タラの芽の天ぷらを揚げようとか。決めたら仕事の合間を縫って食材を買いに出かけます。『美味しい』って、もうそれだけで幸せじゃない？」

〝食事をともにすることは人生を分かち合うこと〟

四季折々の風景が眺められる、東京の家。特に春は、眼下の千鳥ヶ淵の桜が満開となって、薄紅色に染まる。

「テラスでお花見ができるから、皆にすごく喜んでもらえるの」

阿川さんとの久しぶりの再会

ある日の東京の夜。親交のある阿川佐和子さんを招いた。阿川さんとは5年前、雑誌の対談で初めて顔を合わせ、その後、テレビの仕事のために渡仏した阿川さんと再会した。スイスの彫刻家、アルベルト・ジャコメッティの軌跡を追う番組の取材で、順子さんが彼の作品が好きだったことから、パリの自宅で、阿川さんのインタビューを受けることになったのだ。

その取材後、スタッフが撤収仕事に追われているわずかな時間に、キッチンに立った順子さんが、全員のためにランチを用意してくれたことを、阿川さんは覚えている。

「サーモンとチーズとお野菜をはさんだパンと、豆のサラダを、あっという間に作ってくださった。われわれは収録後に外食をする予定だったのに、さりげなく気遣ってくださって、一同、大感激でした」

招いたこの夜。夕方から順子さんが準備を始めたのが、メインの鶏肉のオーブン焼きだった。ダイナミックに玉ねぎをざく切りして、すりおろしたしょうがをもみ込む。片手にはシャンパングラス。飲みながら軽やかに調理していく。

「シャンパンはお祝いのお酒だから、楽しい気分になれるのよね」

部屋じゅうにロウソクを灯して、準備が終わるころ、JUNKO SHIMADAの服を着て、笑顔で訪れた阿川さん。いただいた手土産が、箱詰めの大粒の苺だと知ると「ありがとう、さっそくデザートを作るわ」と、順子さんはキッチンへ。手早く、目にもきれいなひと品を作ってしまった。

そして乾杯。「お元気だった? あなたのこと、時々、思い出すわ」と、順子さん。なごやかな夕べが始まって、夜10時すぎまで会話が弾んだ。

のちに阿川さんは、順子さんの印象をこう語っている。

「長年、パリに住まわれて、ひとりで闘ってこられたから、さぞ強い女性だろうと思っていたのですけれど、知れば知るほど違いますね。まわりから尽

東京の自宅で娘の今日子さんと食事の支度。ふたりの後ろ姿がほほえましい

くされているかと思いきや、実はとても人に尽くすタイプの方。デザイナーとしての仕事だけではなく、暮らし全般においてよく動く、〝働く〟人ですね。思いやり深くて気遣いがすごくて。でもあくまで自然で。けっこう恥ずかしがりやなところも素敵です」

人を招くことは喜びを招くこと

「人生は有限です。その時間を一緒に過ごすって、何げないようで本当はすごいこと。喜びであり、味わい深いことです。そこに美味しい料理があれば、最高に幸せ。私は祖母のお客さまへの温かい心づくしを見てきました。表向きだけではない、本当に相手のことを思ってのあれこれ。おもてなしです。

そして、祖母が作っていた料理は、自然の恵みいっぱいの、滋養のあるものばかりだった。そういう食が心を満たしてくれ、肉体も健やかに保ってくれることを、自然に知っていたのだと思います。私が長年、大きな病気もせず元気でいられるのは、祖母の料理あってのことと、感謝していますね。だからこそお客さまには体にいい、美味しいものを用意したいのです」

食事をともにするということは、「それぞれの人生を分かち合うこと」とも。

「まずは気どらない会話が大切です。虚勢を張って自分をつくっていたり、肩書とか職業にこだわるような人はちっとも素敵ではないわね。そういう人とは自然に会わなくなります。いちばんのおもてなしは、人が人を思う心ではないでしょうか」

心を贈る

Heartfelt giving

Chapter 02

「贈り物をするのが大好き」という島田さん。
美しいものや楽しいものを見つけると、
誰かの顔がふと浮かんできて、
〝あの人に贈りたいわ〟と思う。
物を贈ることは、心を贈ること。
その時々に、伝えたい気持ちをそっと込めて。
ささやかな潤いや、励ましになってくれたなら。

丹精こめた薔薇の花が満開の庭で。色とりどりの花を摘むひとときに心が和む。「庭仕事は大変だけれど、何も考えずに体を動かしていると気持ちいいの。植木に声をかけたりして」

01 | *Flower*

ブーロンマーロットのある日のゲストルーム。長旅で疲れたゲストを生き生きとした花々がお出迎え

大切なゲストは薔薇の花でお迎え

ブーロンマーロットの家で過ごすときには、ほうぼうからさまざまなゲストを招きます。おしゃべりして夜が更けて、そのまま宿泊していかれる方も多いから、お客さまをお迎えする前には、ベッドにパリッと洗った麻のシーツを敷きます。私は昔から、麻の気持ちのいいシャリ感が好き。洗濯を重ねると、さらによい風合いになります。

そして、枕元の丸いサイドテーブルには、必ず花を飾るの。たいていは、庭に咲いている薔薇。その日いらっしゃるゲストの顔を思い浮かべながら庭を歩いて、切り集めてきた数本を、花瓶にさりげなく生けて……。時には、小ぶりで可愛らしい花にすることもありますね。お部屋に花があると、心がなごみますし、ベッドに入って明かりを落としてからも、ほのかな香りで心地よい眠りを誘ってくれるでしょう。花は私からゲストへの、ささやかなおもてなしのひとつです。

02 | *Réglisse Macaron*

レグリスはパリの人人に人気のマカロン。常時ラインアップされているわけではないので出会えたらラッキー

大人の味、レグリスのマカロン

マカロンは、いかにもパリ風のおしゃれなスイーツ。色とりどりで心が浮き立ちます。でも、残念ながら私は、甘いものがあまり得意ではなくて……。

そんな私にも、ひとつだけお気に入りのマカロンがあります。それが『ラデュレ』の、レグリス味のマカロン。レグリスは、日本語でいうと甘草、漢方でよく使われている薬草ね。ほんのりとした苦みと、生姜の香りがして、大人度の高い味です。珈琲にもシャンパンにも合うから、とても気に入っているの。カラフルなマカロンの中にあって、黒い色も素敵。特別な存在感を放っているでしょう。「黒いマカロン！」って、驚かれることもあるから楽しくて。

わが家では友人を招いての食事を楽しんだあとによく登場します。女性はもちろん、男性にも喜んでもらえるから。プレゼントやお土産でもよくお渡しする、重宝しているスイーツです。

03 | *Body Oil*

ボディオイルはつけ心地が大切。「肌は潤うのにべたつかず、さらっとなじむものを見つけました」

上質なボディオイルで潤いを

コレクションのために、わざわざパリまで足を運んでくださった方々に、感謝を込めてプレゼントしているのが、Oliviaのボディオイル。ホテルは乾燥しているから、ぜひ使ってほしい、という気持ちで用意します。私も愛用しているオーガニックのものだから、品質のよさには自信があります。

バスタイムは、私にとってとても大切な時間。朝晩2回、バスタブに足をのびのびと伸ばして、ゆったり1時間くらい入っています。そしてリラックスして柔らかくなった全身に、ボディオイルを惜しみなく塗ります。肌にオイルがなじんでしっとりしていくうちに、心まで潤っていくわ。自分が好きで日々使っているものは、ついつい、まわりの人にも使ってもらいたくなりますね。素敵なもの、心地いいものに出会うたびに、その喜びを皆に伝えたくなるの。贈り物は、贈る側も幸せにします。

04 | *Gift*

光沢のある素材のパッチワーク風Tシャツは順子さん自身もショーのフィナーレに着て登場した

コレクションのお礼を込めて

パリ・コレにデビューして、今年（２０１９年）で38年。パリと日本を往き来するようになってもう長いけれど、毎回、コレクションに来てくださった方々へのお礼に、ちょっとしたお土産を用意します。手書きのメッセージを添えてホテルにお届けするのです。選ぶのは大げさすぎず、相手の負担にならない、軽めのもの。このTシャツと小ぶりのバッグは、２０１９年の春夏コレクションのときのものです。「ウッドストック」にインスパイアされたコレクションで、ビビッドな色使いのパッチワークをあしらいました。幸い、可愛いと好評でした。

私が、ファッション・デザイナーという仕事を、これほど長く続けられるのも、まわりで支えてくれるたくさんの人たちがいてくれるからこそ。〝来てくださって、ありがとう〟の気持ちを伝えるために、この小さな手土産の習慣をずっと続けています。

05

Antique red vase

そのまま飾っても花を生けても映える深紅。これひとつ置いてあるだけでその場がパッと明るくなる

アンティークのベネチアン花瓶

モンマルトルのアンティークショップによく行きます。この花瓶は深紅。いつも私を支えてくれているプレスの女性がちょうどお誕生日だったので一緒に出かけてその場でプレゼントしました。ふたりして美しい赤にひと目惚れ。喜んでもらえてうれしかったわ。

深紅のベネチアンガラスといえば、映画『旅情』(1955年)で、キャサリン・ヘプバーン演じる主人公が、夏の休暇で訪れたベネチアで出会い、購入したシーンを思い出します。ひと夏の大人の恋物語、本当に素敵だった。

私は骨董品が大好きで、パリだけでなく、どこの国を訪れたときも、お店や市に足を運びます。そこで心躍るものを見つけると、手に入れたいとか、あの人にプレゼントしよう、とわくわくします。この赤い花器もありそうでないもの。物との出会いも一期一会、いつも運命的な何かを感じています。

06 | *Glassware*

プレゼント用に買ったもののやっぱり手放せずついついたまってしまうことも。重ねた姿も美しい

美しい光を帯びるガラスの器

花と同じくガラス器も、私の人生になくてはならないものです。パリやブーロンマーロットの家にも、東京の家にもきれいなガラスの器がたくさんあります。透き通っているから、部屋を広く見せる効果もあるし、朝陽や夕陽を受けて、キラキラ輝く様子も美しくて、見惚《みと》れてしまいます。疲れていても、そばにあるだけで心が清められる気がするの。

だからかしら、素敵なガラスの器を見つけると、自分にだけでなくどなたかに贈りたくなります。アンティークの、小ぶりなガラス器を見つけたときには、アイスクリームの好きな友人が浮かびました。この器に盛ったら素敵だし、ちょうどいい大きさだわと。

アンティークのガラスは、カッティングも、どこかまろやかで現代にはない味と美しさがありますね。日本のガラス器も、明治や大正のころのものは、特にモダンで好きです。

「この間タクシーに乗り込んだら運転手さんが『ミツコだね？』ですって。パリジャンは粋よね」

愛用の香水、ゲランの『ミツコ』

香水は、長年ゲランの『ミツコ』を愛用しています。もう50年以上前になるかしら、初めてパリに渡ったその日に、街の中ですれ違った女性の香りに、心惹かれたの。同じ香りを探し求めて、ようやく、『ミツコ』だとわかって。以来ずっと。深い、大人の香り。ボトルのデザインも気に入っています。

毎朝、首すじあたりにひと吹き。空中に吹きかけて、香りの中をくぐることもあります。香水は、強すぎず弱すぎず、エレガントなつけ方ができるようになるまでには、時間がかかります。そういう意味で、大人のアイテムね。『ミツコ』をつけ忘れた日は、なんだか下着をつけていないような、心もとない気分になります。

『ミツコ』を贈るのは、この香りが似合いそうな女性だわと思ったとき。私がかつてそうだったように、この香りを通じて、大人の女性の魅力を伝えていくことができたら。

08 | *Gold pendant*

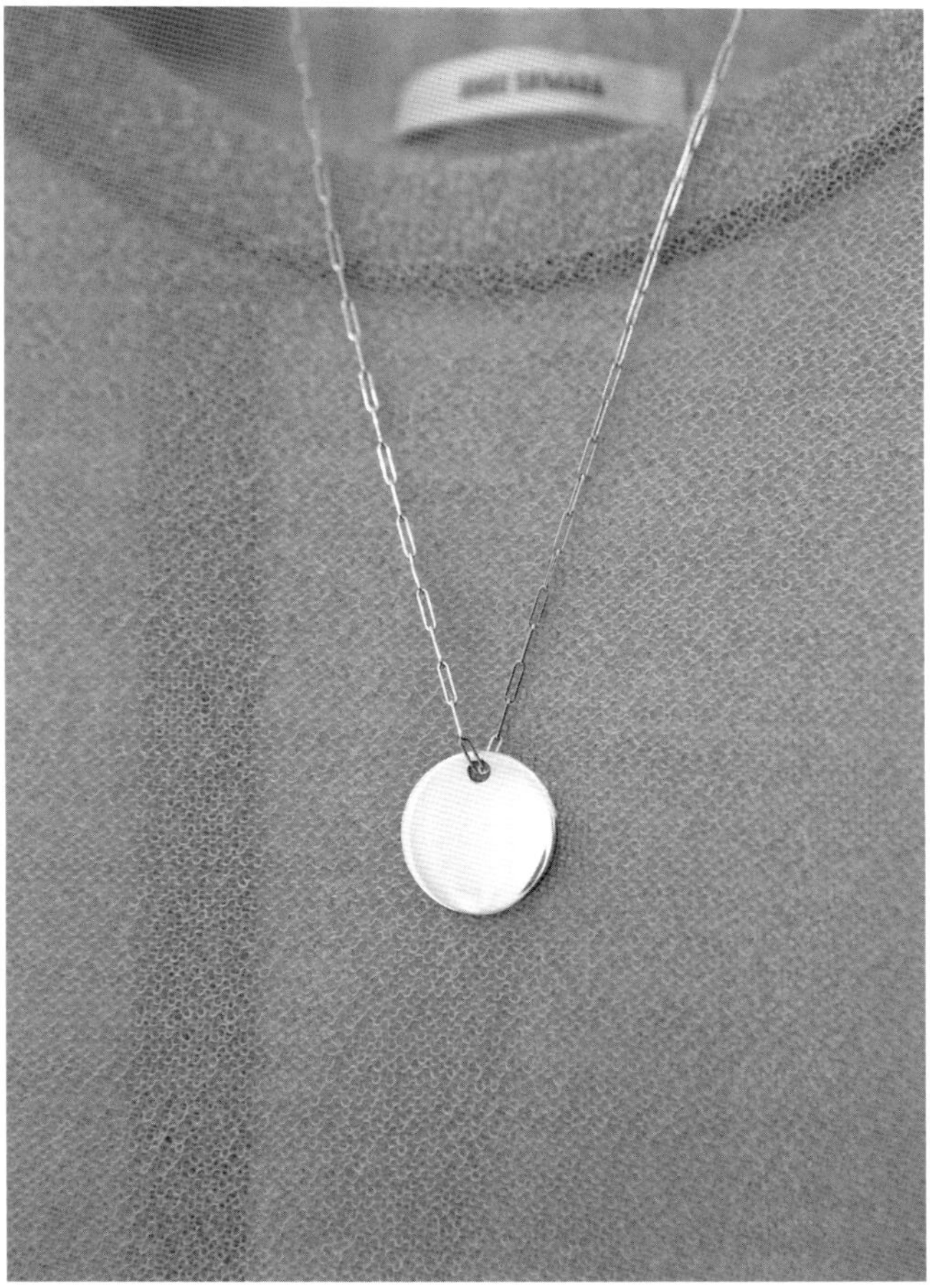

ミリタリーのネームタグにヒントを得て考えたデザイン。丸みとゴールドの色合いで女性らしさも

自らデザインしたペンダント

2年前の誕生日に、自分でデザインを起こして、自分のためのゴールドのペンダントを作りました。つけたときにきれいに見えるサイズ感にこだわって、直径2センチ、厚さは0.5ミリにたどり着きました。チェーンも大人っぽいデザインにしたくて、シンプルできゃしゃだけれど、存在感があるものに。私はアクセサリーをじゃらじゃらつけるほうではないから、こういう、ひとつでアクセントになるものが好きなのです。作ってくれたのは、パリの知り合いのジュエリー・デザイナー。

気に入って使っていたら、オフィスのスタッフに「素敵！」と褒められたので、「あなたのためにもうひとつ作るわ」と、プレゼントしました。彼女が、カシミヤのセーターにさりげなく合わせてくれていたのを見て、うれしかったわ。自分の好きなものが、そのまま人に喜んでもらえる、なんて素敵なことかしらと思います。

クリスタルの重みと透明感は比類ないクォリティ。手に持ったときにその素敵さを実感

バカラのハート形ペーパーウェイト

知人の大切なご家族が亡くなられたとき、何を送れば心を伝えられるかしらと考えて、思い出したのがこのバカラのハートのペーパーウェイトでした。そしてお香典に添えました。

深い赤のハート、透明のハートをそのときの気持ちで選びます。丸みのある手ざわりや、やさしい重みにほっとするような温かみがあるし、なによりハート形に私の心を込めることができると思ったのです。

一般的なしきたりでは、こうした品は、あまりお香典として送るものではないかもしれません。でもあのときは、普通のお香典では心を伝えることはできないと思ったの。「元気を出して」「心はいつもそばにいるからね」と、伝えたくて。そして、笑顔を取り戻す日がきたら、今度はこのハートが、歩き出すパワーになってくれたらいい。そんな思いを託した送り物だったのです。

10 | *Handkerchief*

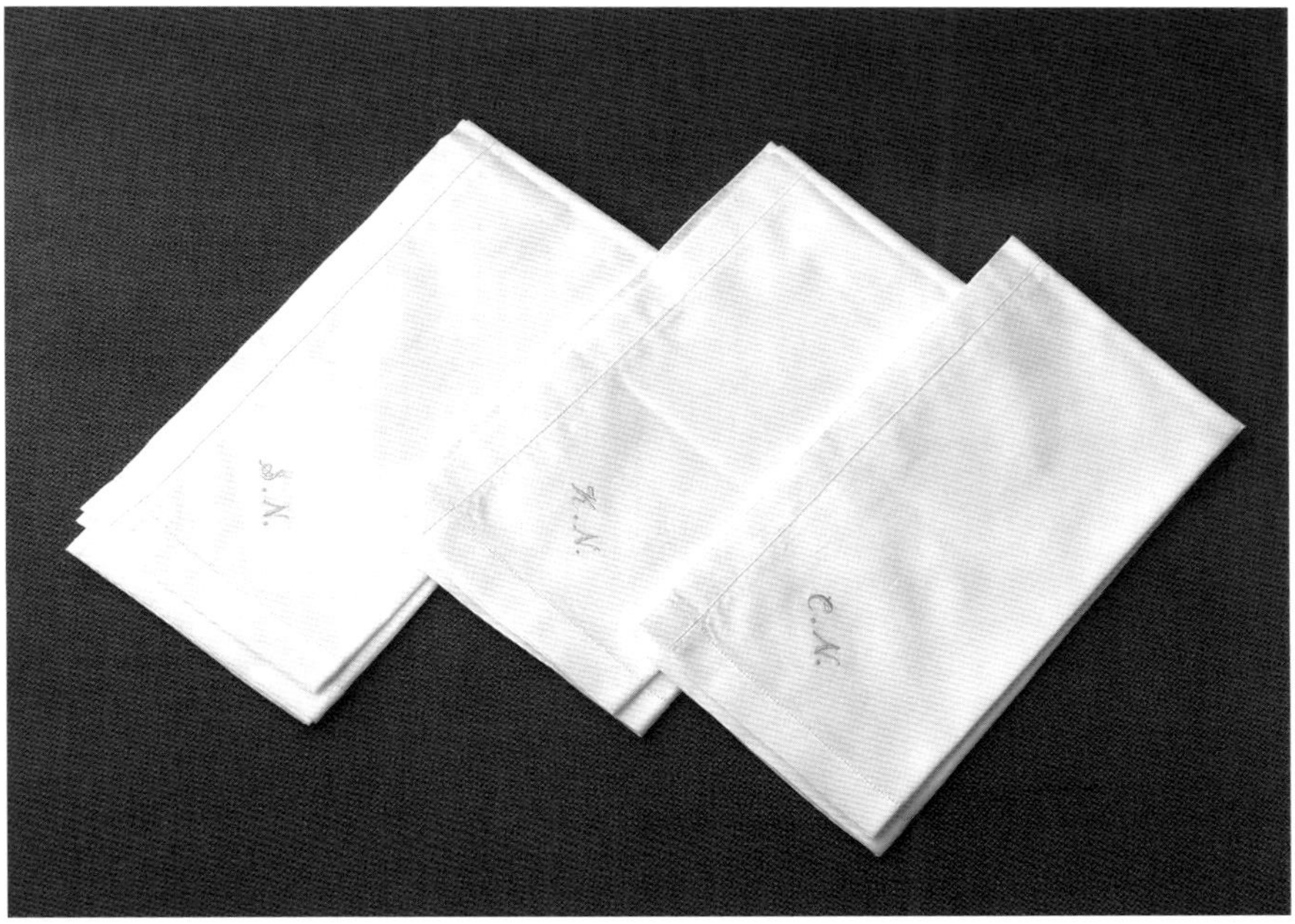

イニシャルはあくまでさりげなく入れたかったので
白地に白の刺しゅう糸を使用。上品に仕上がった

刺しゅう入りの麻の白いハンカチ

小さいころから刺しゅうが好きです。中学生のころ、外国のティーン・ファッション誌で見かけて、可愛らしいしなんともおしゃれで憧れました。刺しゅうには、その背景に物語のようなものを感じるのです。

夫が亡くなったとき、香典返しに何をお送りしようかと考えて、私の好きな麻のハンカチを選びました。そこに刺しゅうを入れようと思ったのです。妹が一枚一枚、ひとりひとりのイニシャルを刺しゅうしてくれました。大勢の方々に向けてでしたから、妹は大変だったと思いますが、私の大切なメッセージを、込めることができたと思います。

白い、シンプルな麻のハンカチは、それだけで美しいから、ちょっとした贈り物にもおすすめです。何枚あってもよいものですし。麻の清潔感と肌ざわりは、日常に、ほんの少しの贅沢感をプラスしてくれますから。

ミネラル豊富で血行がよくなり、活性化する一方リラックス効果も。「ドサッと入れて」と順子さん

疲れを癒やすバスソルト

40ページのボディオイルと同じく、日本から来てくださるジャーナリストの方たちに贈ることが多いフランス製のバスソルトです。コレクションの時期は、長旅の疲れを取る間もなく、日に10件あまりのコレクションを見て、合間に展示会の取材もこなされる。ランチをとる時間もない、それは過酷な毎日が続きます。

そんな方々に、感謝とねぎらいの気持ちを伝えたくて、「ありがとう」と、手描きのカードを添えてお渡しします。だって、みなさんがゆっくりできるのは、滞在先のホテルでの入浴時間くらいでしょう。せめてその時間はゆったり心身ともにリラックスしてほしいと思います。この、死海で採れる濃く上質なソルトは、私もよく使うのですが、汗がものすごく出てデトックス効果も抜群。「お風呂で癒やされました！」と喜んでいただくと私もとてもうれしくなります。

12

Red knitwear

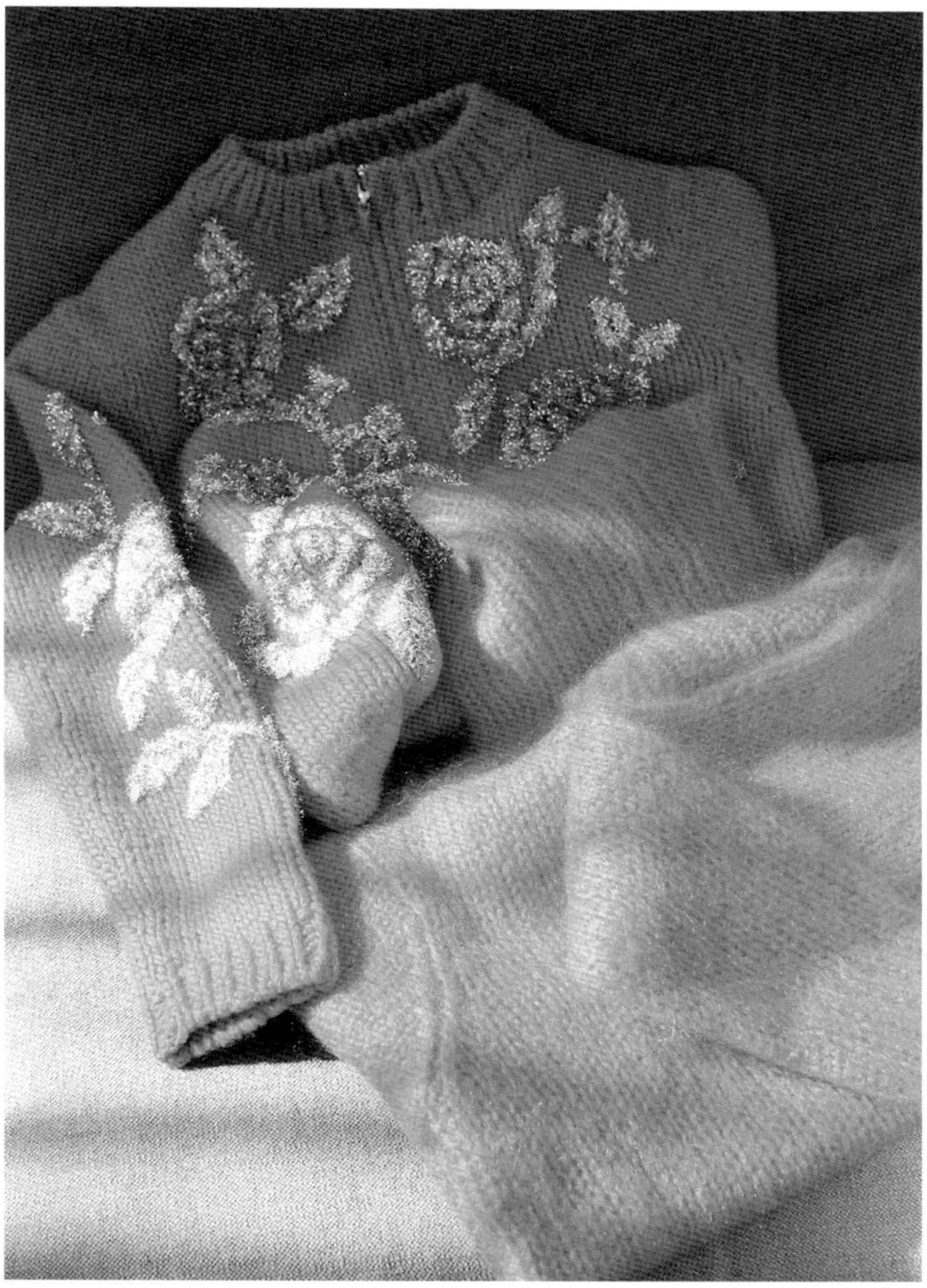

毛足の長いモヘアのニットにゴールドの毛糸で薔薇を刺しゅう。元気が出ること間違いなし

真っ赤なニットで「元気を出して」

落ち込んでいるときに、誰かに何かをもらって、元気が出た経験はありませんか？　私はお花をいただいたり、電話やメールでひとこともらえるだけで、ほろっとしたり、勇気づけられたことが何度もあります。

私が、落ち込んでいる友達に贈ったのは真っ赤なニット。赤はエネルギーの源の色だから、ここぞというときにパワーをくれます。デザインは、薔薇の模様をあしらったものを。薔薇のもつ華やかなイメージが、赤い色とともに、友達の気持ちをきっと元気にしてくれると思ったから。

恋を失ってしまった女性には、素敵な色合いの、レースがあしらわれたランジェリーを贈ることもあります。「セクシーになって女性であることを楽しんでね」という気持ちを込めながら。女性なら、何歳になっても女らしくいたいものじゃない？　同性から贈られるのも、ちょっと素敵でしょう。

男友達に贈ることも多いCD。長年のお気に入りには、ビル・エヴァンスやエリック・クラプトンなども

心に響く音楽の贈り物

私は、ＣＤもよく贈ります。音楽は、どんな人にとっても、人生の宝物のひとつだから、分かち合えるプレゼントだと思うのね。ロック、ポップス、クラシック、ジャズ、民族音楽……どんな音楽も好きで、尊敬するアーティストもたくさんいます。

たとえばピアニストならフジコ・ヘミング。彼女の奏でる音には熱い魂が感じられるし、マイルス・デイヴィスのトランペットには、燃える命が息づいている。また、ボブ・ディランの歌詞の強いメッセージもいつも素晴らしいと思う。テナーサックスのチャールズ・ロイドも特別な人ね。昔からずっと聴いているわ。名盤『The Water Is Wide』は、いろいろな方に贈りました。２０１８年の、秋冬コレクションは、彼の曲にインスパイアされて制作したものです。よい音楽は、時代も国境も超えるといいますけれど、本当ね。これからもプレゼントし続けたいわ。

14 | *Hand written card*

知人に毎年好評の年賀状。下段のコレクションの招待状もほとんどが順子さんの手描き。「必ず自筆のメッセージを添えます」

手書きのメッセージカード

クリスマスカード、ニューイヤーカード、バースデイカード。折々のご挨拶に、私は手書きのメッセージカードを送っています。使うのは、愛用しているモンブランの万年筆。インクの色はネイビーブルー。黒よりもニュアンスがあって好きなのです。

一通一通、心を込めて書きます。今はパソコンの時代になってしまったけれど、やはり手書きの文字のほうが、心が伝わると思うのね。書き文字には、自然と人柄が出るでしょう。私自身、手書きのお手紙やカードをいただくと、時間も気持ちも使ってくれたことに、ありがとうと言いたいし、大切にとっておきたくなります。

カードの図柄をあれこれ考えるのも面白いし、楽しい作業です。毎年の干支の年賀状のアイデアもじっくり練ります。戌年には、イラストではなく、うちの家族でもある愛犬たちの写真にしました。

15 | Olive Oil

上質のブラックオリーブが採れることで有名なニヨン産の缶入り。「このオイル、パンにつけると美味しさがよくわかる」。小春軒のコロッケは軽く素朴な味わい。日山のハンバーグは脂っこくないところが好き

使い勝手のいい上質なオリーブオイル

私が毎日の料理に使うオイルは、ほぼオリーブオイルです。まず体にいいですし、火が入っても、生でも風味がよくて変わらない。私が好きなのは、南フランスで生産された上質なオリーブの実を搾ったものです。軽くてあっさりして好みなの。

いつも缶入りのものを購入しますが、缶では味けないから、クリスタルのデキャンタに移して使います。

私の料理は、シンプルが基本。時間をかけて作るときもあるけれど、素材を生かして手早くささっと作ることが多いかしら。

人形町のお肉屋さん「日山」のハンバーグや、洋食屋さん「小春軒」の冷凍コロッケはうちの家族の大のお気に入りで、いつも買い置きしているくらいなのですが、焼くだけ、揚げるだけ、のそんなときにもオリーブオイルが大活躍。本当に美味しく仕上がってくれます。

16 | *Lentils*

大好きな豆類の中でもいちばん出番の多いのがレンズ豆。フランスの人はこの豆が大好きね。スープに入れてもよし、サラダでもよし、心強い味方

手軽で美味しい！　大好きなレンズ豆

わが家のキッチンに、いつも常備されている食材のひとつ、レンズ豆。フランスの家庭ではなじみの豆で、どこの食卓にもよく上ります。乾燥したものをそのまま使えますし、鉄分が多いから健康にもいいの。

いちばん作るのはサラダ。色がきれいですし、塩ゆでして、オリーブオイルやレッドペッパーであえるだけで充分に美味しい。玉ねぎのみじん切りやハムやフルーツを加えたり、工夫しだいなの。もう一品欲しいときに、最適ね。どこのマーケットにもありますけど、お客さまに袋入りのものを差し上げると、とても喜ばれます。長期の保存が可能だから、安心して贈ることもできるの。贈った方から「作ってみたら美味しかった！」と言ってもらえるのもうれしいわ。

日本でも売っているけれど、気に入っている銘柄をパリで何袋も買って、お土産に持ち帰ることもあります。

改まって、口に出してはなかなか言えない言葉もこういうプレートならすんなり。気が利いてるわね

素朴なメッセージプレート

「MERCI（ありがとう）」や「AMOUR（愛）」などのメッセージが書かれたガラスのプレートは、パリの街角にあるお店のショー・ウインドウで、偶然見かけたもの。その場で、10枚ほど購入しました。そのときの私は、コレクションの準備の真っ最中。私自身もすごく忙しかったのですけど、スタッフもさぞかし疲れているだろうと思っていたところに、出会いました。ガラス製なのが気に入り、手書きの文字と絵柄の、愛らしい感じも、まさに自分の気持ちにぴったりだった。それで、感謝とねぎらいの気持ちを込めて、スタジオにいるスタッフに贈ったのです。

このプレートのように、素朴で温かいものって、忙しいときにこそ、そばにあると心を癒やしてくれますよね。「わあ！」と、ひとしきり皆で盛り上がって、「さあ、頑張りましょう！」と、士気が高まりました。

18 | *Roasted green tea*

お茶は軽くてお土産には最適。緑茶はフランスでもよく知られているので、ちょっと新しめのほうじ茶を

森乃園の香り高いほうじ茶

　パリから帰ってくると、必ず買いに出かけるのが、日本橋人形町にある、老舗「森乃園」のほうじ茶です。店に近づくと、お茶を煎る香ばしい香りが漂っていて、何だかほっとします。

　フランスの水は硬水だから日本のお茶には残念ながら適さなくて、美味しく味わえるのは帰国したときだけ。ほうじ茶は体にいいですし香りも大好き。特にこれは煎れたときの水色に透明感があってさっぱりとした味わい。夏はキリッと冷やしていただきます。

　実は20代のころ、服飾学校を卒業したあと、日本橋の生地問屋さんに勤めていたことがありました。日本橋や人形町界隈は、美味しいものを食べ歩きしていたから、なじみなのです。下町には日本の庶民的な文化や、味がまだ残されているでしょう、このまま変わらずにいてほしいですね。このほうじ茶は、パッケージもレトロで素敵だから、パリの友人たちにもよく贈ります。

19 | Tofu

売り切れていることも多い、人気商品。器のまま季節の葉っぱをあしらえば、プレゼンテーションは完璧

目にもうれしい「双葉」の竹豆腐

私は豆腐屋に生まれ育ったので、お豆腐は大好きですし、並々ならぬこだわりもあります。そんな私が自信をもって贈るのが、日本橋人形町の、「双葉」の竹豆腐。竹筒に入っていて何とも風情があるの。お呼ばれのときや、お客さまをお招きするとき、前もって予約して買い求めています。

とろりとした舌ざわりで、大豆の味がぎゅうっと濃縮されていて、甘みがあるお豆腐は、シンプルにお塩で食べても美味しいのです。意外かもしれないけれど、シャンパンにもよく合います。器の竹は、季節によっては鮮やかな緑色のものが使われていて、白い豆腐とのコントラストが涼しげできれいなの。ここは、生湯葉も美味しいのよ。

日本ならではの食文化のひとつだから、日本にいるときは堪能したい。パリでも「TOFU」は人気ですけれど、こんな竹の器も紹介したら、もっと広がるのではないかしら。

ふんわりした生地に白あんのほどよい甘さがマッチ。かごやお盆、それにちょっとした緑を組み合わせれば鮎も生き生き！

大漁！？「重盛永信堂」の登り鮎

お誕生日のお祝いに、ケーキの代わりに何か、と思って、考えついたのが、人形町「重盛永信堂」の鮎をかたどった人形焼。人形町は昔ながらの個人商店が残っていて好きなのね。

この人形焼は「登り鮎」という名前で、おめでたいから、お誕生日にもぴったりだと思ったの。上品な白あんが入っています。普通の包装で持っていっても面白くないから、思いついたのが、本物の鮎に見立てること。今にも泳ぎ出しそうに、かごに、笹の葉を敷きつめた上に並べて持っていきました。皆がぱっと笑顔になった瞬間は、面白くて、すごく楽しかったわね。

贈り物というと、ついかしこまった包装を考えがちだけれど、親しい間柄の集まりなら、もっと遊び心を持ったほうが、断然、盛り上がりますよ。真心を込めてのサプライズ。そういうシーンは、ずっと思い出に残ると思います。

人生を語る

過去・現在・未来

My life – Past Present Future

Chapter 03

25歳のとき、初めてフランスへと渡った。
映画で観て以来、憧れ続けたパリ。歴史ある美しい街並みと
おしゃれな人々に魅了された。
「ツーリストではなく、この街に根を張って暮らして生きていきたい」。
洋服作りの見習いから始め、やがて花開き、今なお一線で発信しつづける。
果敢に、そしてしなやかに挑み続けてきた、
そのドラマティックな半生——。

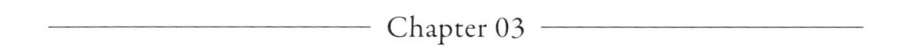

カメラを忘れてふと見せた柔らかな表情。大人の女性の気品と色香が漂う

〝館山の豊かな四季に育てられて〟

昭和16年の七夕の日、千葉県・館山市で生まれた島田順子さん。緑濃い山々と、青い海が広がる町で、18歳までをのびのびと過ごした。

大好きな色、紺は館山の海の色

「マリンブルーが大好きなの。私が生まれ育った町の、海の色。私にとっては永遠の色ね」

家業が豆腐店だった。島田家はもともと京都にあった商家。その後都へと上り、六本木・芋洗坂で青果店を営んでいたが、明治5年、館山に移り住んだ。新たな地で、祖父の島田鉄五郎さんが豆腐製造の仕事を始めて、以来、「島田豆腐店」は、今も地元の人々に親しまれている。

当時の家族は、祖父母と両親、子どもは6人姉妹で、順子さんは3番目だった。家は館山海軍航空隊の御用達として豆腐を納めていたことから、太平洋戦争中ではあっても暮らしは豊かだった。工場勤務の人が十数人近くいて「とてもにぎやかな家だったのよ」という。

20代半ばで渡仏。やがてパリで、ファッション・デザイナーとして成功を収めることになった、その美的な感覚の素地は、この館山でつくられた。特に祖母ちかさんの、暮らしを楽しみ、慈しむ姿は、順子さんに多大な影響を与えた。

「明治の凜とした女だったのね。真鍮《しんちゅう》のたらいで髪を洗い、梳《す》いて、髪結いさんに丸髷《まるまげ》を結ってもらう。着物もしゃらんと着くずして、すっと簪《かんざし》さして。なんとも粋なの。所作もきれいでした。私の姿勢が悪いと『シャンとしなさい』と、竹の物差しを背中に入れられたものです。日本古来の習わしで、お稽古ごとは6月6日から始めるとよいと教えられて、私はお琴を始めました」

祖母の感性は、暮らしのすみずみまでゆきわたっていた。

「毎朝、豆腐工場から出る豆腐の搾り汁に浸した雑巾で、太い柱や、廊下をきゅっきゅきゅっと拭いていた。家を大切にしている心が伝わりました」

風情ある日本家屋の、磨き上げられたそれらは、ぴかぴかと光り、朝の陽差しにすがすがしかった。そして季節ごとの襖の替えや障子の張り替え……。順子さんは、そんな四季の情緒を肌で感じながら育った。

着物を作るための、蚕部屋もあった。

（上）12歳くらいのときに父親と館山の海水浴場に行った折の写真。6人姉妹が並んでの記念撮影がいかにも昭和の時代を感じさせる。前列左から2番目が順子さん。姉妹がおそろいの水着を着ているのも微笑ましい。
（右）いちばん年上の姉と。順子さんは髪型といい、着ているワンピースといい、おしゃれに対する並々ならぬ熱意がすでにこの少女時代にうかがえる。廊下の一角には自分だけのコーナーを作り、好きなものだけを並べてディスプレイを楽しんでいたとか。インテリアのセンスもこのころから磨かれたのだろう。

幾重もの棚に桑の葉が敷かれ、飼われていた蚕は葉を食べて成長し、絹糸を吐いてやがて繭《まゆ》となる。

「たくさんの蚕が桑を食べる、シャリシャリという音が、部屋中に響いていたわね」

　祖母はその繭の糸を紡ぎ、野の花の色で染めて、機織りをした。

「自然のものが大好きな人だったんです。籠を背負って野山に行って、野草を摘む。スミレやレンゲ、アザミやたんぽぽ、色とりどりの葉っぱ……。それらをゆでて漉《こ》して糸を浸して。自然な色に染め上げられた糸のきれいだったこと」

　でき上がった反物で、孫たちの着物を縫い上げた。

「クリスマスプレゼントっていうと、うちは枕元に着物が置いてあったの」。

〝手作りの温かさを教えられた日々〟

手作業によって生まれる〝もの〟は、風合いがよく、温かく、心がこもっていると知った。

祖母はまた、とびきり発想の豊かな人でもあった。野草であるたんぽぽがきれいだからと、どっさり摘んできては庭じゅうに敷き詰めて、鮮やかな真っ黄色のじゅうたんができた。子ども心にその情景が焼きついている。

ある暮れには、正月を迎えるために従業員の男性に、苔松のてっぺんを切って来てくれるようにと頼んだ。

「祖母はそれを、床の間にどさっとダイナミックに飾りつけたんです。そうかと思うと、使い終わったクリームの小瓶に、一輪、くちなしの花などを挿してある。繊細さと、大胆さが同居しているような人だったわね。私はまちがいなく大きな影響を受けています」

美意識に富んでいた祖母の教え

家のそこかしこ、日なた、日陰に祖母の手が創り出した、美しい光景が散らばっていた。長い廊下の先、トイレの容器さえ、鮮やかな青の伊万里焼で作られていてきれいだった。

「心地よい家は、幸せな気分を与えてくれる」

そんな感性が自然に生まれた。祖母は料理の腕前も料理人のごときでおせち作りの日には、七輪がずらりと並び、年末の風物詩となっていた。

順子さんが覚えている懐かしい味のひとつに、白身魚のすり身に山椒を混ぜた、真丈《しんじょう》がある。

「三日月の形をして、つるんとしてい

桑の葉を食む音が聞こえてきそうな蚕棚で作業中の祖母のちかさん（左）。昔はさほど珍しい光景ではなかった

るの。それを、しょうが醤油でいただく。えも言われぬ美味しさだったわね」

そして少しいたずらっぽい笑みを浮かべる。

「館山に晩年、両親が住んでいた山の家があって、山椒の木がたくさん植えてあるんです。とてもいい香り。西洋でいうハーブですよね、今、祖母の作っていたあの真丈を再現して、ひそかに売りだそうかしら、なんて考えているのよ。いいと思わない？」

祖母の感覚を継いだ順子さんは、早くから自身の身のまわりも、おしゃれに彩った。与えられた子ども部屋は4人用。ふたつの2段ベッドが並んでいて、ベッドカバーは大好きなタータンチェックのものにしていた。

勉強机は、学校の教室机と同じものにこだわって、親に頼んで買ってもらった。フタが開く様子が外国風で、おしゃれだと感じたのだ。

〝美〟に対する影響は、父親の三郎左衛門さんからも受けた。父は太平洋戦争に召集され、中国に出兵したのちに帰還。祖父は、無事に戻ってきた息子をねぎらい、「一生の仕事をしてきたんだから、これからは思いきり遊べ。もう仕事しなくていい」と自由な時間を与えた。

その言葉を、父親はまともに受けた。祖母に似ておしゃれ。そしてハイカラな遊びを好む人で、館山の海に出て

ちかさんが繭から糸にして染めて織って仕立てた着物。「祖父の葬儀に姉妹全員に絽の着物を着せるような祖母でした」

〝父から受け継いだ、人生を楽しむ哲学〟

ヨットを操り、当時の日本では見慣れなかった洋犬のポインターを連れて、山に鳥撃ちに出かけたり、ビリヤードが好きで興じた。後年、パリで暮らす順子さんの家に遊びに来た父は、ビリヤードのキューに塗る、逸品のチョークが欲しいと、ロンドンの老舗店に出かけていって手に入れたそうだ。

「父も私も、自分が欲しいものは手に入れたい性分。それは有名品だからとか、高価だからとかではなくて、自分にとって、楽しい価値のあるものなのです。どこか似ているのね」

車やバイクも好きで、房総半島を乗り回し、天気のよい日には、娘たちを連れて海釣りにも出かけた。娘の目から見ても、背の高い格好のいいスポーツマン。自慢の人だった。

「姉妹の中では、私がいちばんのお父さんっ子だったみたい。父からも可愛がってもらいました。『泣いても笑っても、人生は一度きり。ならば大いに楽しく過ごそう』が父の生き方でした。きっと知らずと、私自身の軸になっていると思います」

自分だけのオリジナルにこだわって

感受性が強く、年じゅう、日焼けして行動力のあるおてんばな少女は、何よりも誰よりも、自由に行動することを望んだ。個性は、すでに幼少のころから輝き出し、人と同じであることを好まなかった。

「刺しゅう屋さんで、真っ白な体操服の胸元に、『J.S』と、名前のイニシャルと、小さな百合の花の刺しゅうを入れてもらいました。刺しゅうって清楚な存在感があって好きです。また、当時は素敵なランジェリーなんてない時代だから、シュミーズや下着には、貝ボタンや、レースやらを母に縫いつけてもらったり、工夫していました」

長じて、ファッション・デザイナーとなる才能の片鱗が見える。極めつきは通学かばん。高校時代、生徒全員が紺色を選ぶ中で、ひとり「真っ赤なトマト色のかばん」を、父にねだって東京で買ってきてもらった。嫌みを言われたこともあったが、自分がきれいだと思う気持ちにまっすぐだった。

幼少期から、絵を描くことも好きだった。その才能をいち早く見いだしたのは、当時、春になると島田家に長逗留していた、遠縁の宮坂春三さんという画家だった。彼は父親に「この子には油絵の具を、本物を買ってあげるといい」と、進言している。父はその言葉に従って、一式を買ってきた。

初めて油絵の具を手にして、パレットの上で、油と色を混ぜ合わせたときの感動。真っ白な画布に向かって、何作も描き続けた。中学1年生のときに描いた『サザエと壺』という絵がある。磯の匂いがしてくるような絵は巧みで、今も館山の山の家に残されている。

やがて絵描きになりたい、という思いが芽生えた。デッサン用にアグリッパのトルソ（彫像）を購入し、木炭でデッサンを続ける日々を送る。しかし、美術学校への進学はかなわず、洋裁学校へと進むことになったのは、「女も手に職を持っていたほうがいい」という、母親の言葉だった。

女性がひとりで生きられる時代では

館山の家に今も飾られている順子さんの作品。中学1年生の絵とは思えない見事な出来映え。アーティスティックな才能は早くから開花していた

〝初めて訪れたパリで、生まれ変わった〟

なかった。最初の結婚で死別し、再婚した母は、母なりに思うところがあったのだろう。言葉には真実味があった。「進みたい道を反対されて。反発を覚えたけれど、ひとりでも自分の足で生きていける人間になってほしいという、母の気持ちもわかる気がしたのです」

フランス映画に心奪われて

そして東京・目黒の杉野学園ドレスメーカー女学院へ入学。18歳で実家を出て、上大崎の親戚の家に世話になり、通った。このころは服飾に強い興味があったわけではなかったというが、これがのちにデザイナー、島田順子が生まれる第一歩となった。

「真面目な学生とは言い難かったですよ。授業にはほとんど出なかった。毎日のように渋谷のスカラ座（現・TOHOシネマズ渋谷）で映画を観て、ジャズ喫茶に入りびたったり、華やかな銀座やアメヤ横丁を歩き回るのが楽しくて。アメリカ製の靴を買ったり」

房総の田舎町からやってきた10代後半の女性に、都会の刺激は格別だった。なかでも映画には夢中になった。

時代は60年代のヌーベル・バーグの時代。トリュフォー、ゴダール……といった監督らが生み出すフランス映画には、これまで知らなかった、成熟した男と女の世界があった。

「大人っぽくて、しゃれていて、複雑な男女の関係。女性のデリケートな心理が描かれていて、ぞくぞくしたわ。もちろんファッションは素敵で」

観るごとに憧れがつのって、いつし

離れを建て増しした館山の家。ゆったりした風呂を備えた純和風建築は海外のゲストにも大好評

母屋の前庭に佇む順子さん。「秋には柿、春には裏山で筍も採れるのよ」

かパリという街は、地球上の特別な場所となっていった。

「ギリギリの出席日数でなんとか卒業して」、下町の人形町にほど近い、生地問屋「丸増」に就職した。

「仕事は一生懸命やったけれどどこか満たされなくて、いつも遊ぶことや食べることばかり考えていました」

パリへの思慕はつのるばかりで、ほどなく退職。25歳のとき、思いきって3カ月の滞在予定でパリへと向かった。

「飛行機ではなく、横浜港発ロシア経由の船旅を選びました。時間をかけてたどり着くことですぐに帰れないと覚悟を持つために」

さほどの貯金もなかった娘のために、父はなんとか費用を工面してくれた。突然、フランスへ行きたいと言い出したことに反対もせず、むしろ面白がってくれたことを、「ずっと感謝している」という。出発の日。父は港まで来て見送ってくれた。客船が埠頭を離れ、しだいに小さくなっていった父の姿を、順子さんは今でも覚えている。

ロシア・ハバロフスクからモスクワへは飛行機で、さらに乗り継いで降り立ったのはフランスのオルリー空港。当時はまだ、現在のフランスの玄関口であるシャルル・ド・ゴール空港は完成していなかった。

その日、パリの街は夏の終わりの陽差しの中にあった。

「空が底ぬけにきれいだったわ」

初めてパリに降り立ったときのいでたち。白いブラウスにジャージの黒のミニをボタンでつないだ一着

一日でも長くいたいとメイド仕事に就いて

パリの街はどこもかしこも、橋のひとつひとつでさえ芸術のように美しかった。コンコルド広場では、マリー・アントワネットの史実を目のあたりにして、震えた。

「つみ重ねてきた歴史が、そのまま生々しく息づいている。ヨーロッパの奥深さを肌で感じた瞬間ですね」

行き交う人々は、皆おしゃれで大人の雰囲気があった。

「何げない黒のニットに黒のパンツで小粋に歩いている、洗練された着こなしは衝撃でした」

パリは、それまでのすべてを覆した。数日間で、去りがたい気持ちがつのっていった。そんな折、フランス語を学ぶ学校の掲示板に、『メイド募集、屋根裏部屋を提供します』という貼り紙を見つけて飛び込んだ。

「3カ月たったら、帰らなくてはならない。それは絶対いやだと思ったのね。言葉だって全然わからないのに、怖いもの知らずで無鉄砲だからできた。知らないことの強さですね」

欲望にまっすぐだった。

「床掃除や窓拭きでいつも手が真っ黒でした。でもパリにいたい一心で頑張れた。狭く汚れた小部屋でも、居場所ができたことがとにかくうれしかったの。

毎日を楽しもうと思ったわ。私には生きるうえでのたくましさがあるのではないかしら。まずはきれいな花柄のベッドカバーを買いに出て、気分を上げました。可愛い珈琲カップも探したりしながら」

湧き上がる好奇心のままに、辞書を片手に歩き回り、バスに乗り、3フランで観られる映画館をはしごし、美術館を訪ね歩いた。

「国立美術館なら、休日は無料で観られるし、有名な美術館でも、かしこまらず皆、気軽に出入りしている。芸術への理解が深い国なのです」

この街なら自由に生きられる

街のあらゆる光景が栄養として、体に染み渡っていくのを感じた。

「まるで赤ちゃんのように、生まれ変わったみたいでした。誰ひとり私のことを知らない場所。どこそこの順子ちゃんでなく、何のしがらみもなく、

ひたすら解放感に満ちて自由で。初めて自立するという意味を知った気がしたのね。どんなに恥をかこうが、自分のしたいことに責任を持ってさえ生きれば、自分の人生が拓けるんだ、と」

　そうやって一年が瞬く間にすぎた。一旦は帰国することになったものの、「まだまだ見足りない、学び足りない」と、何かに急《せ》き立てられるように、再びフランスへと向かった。この時期、実のところ順子さんは、日本に婚約者がいる身だったが、別れを告げて別の人生を選んだのだった。

〝心惹かれて移り住んだ、モンマルトル〟

　二度目のパリ。今度は「この地で頑張って、仕事をして生きる」という強い決心を携えていた。大使館の紹介で、ブローニュの森近くにある邸宅に下宿することになった。シモーヌ・バーレという、フランスでは有名な、老年のコメディエンヌの家で、その母親も有名なオペラ歌手だった。

　欧州の貴族のような館と、香港、日本などアジアの文化が混ざり合った美しいインテリアに、順子さんの感性は刺激された。シモーヌさんはこれまで知るよしもなかった、華やかで上質な文化をたくさん教えてくれた。実業界や芸術界の人々が訪れ、紹介されることもあった。

　やがて最初の旅で、強く心惹かれたモンマルトルに、小さなアパルトマンを借りた。ピカソやユトリロ、ルノワール、セザンヌ……と、芸術家の卵たちが好んで住んだ地。あれから今もなお、この場所に住み続ける。

　当初、髙田賢三がいたルラシオン・テクスチルに半年ほど出入りしたのち、プランタン百貨店の研究室へ入った。

　その経緯がまた面白い。

「ひとりでカフェにいたら『何してる人？』と話しかけてきたのが、UPI通信社の男性グループだったの。デザインの話をしたら『紹介するよ』と」。縁をたぐり寄せるかのような順子さんの強運さだろうか。

勾配の多いモンマルトルの街並み。「なぜかしらね、ずっと好きな場所なの。東京でも好きなのは下町」

「洋服づくりの見習いで、無給でした。でも勉強させてもらえるのだから一生懸命やりました。それに、たまにデザイン画が採用されると、わずかでも報酬が入ったんです」

フランス人の青年とめくるめく恋に落ちて

このころ、順子さんは人生で初めての激しい恋に落ちた。街なかで出逢った6歳下の、22歳。フランス人の美青年だった。彼はまだ何者でもなかったが、価値観が自分とよく似ていた。たとえば世界的に評価される名画であっても、自分自身が感動を覚えなければ、ストレートに「NON」と言える。多数意見に流されず、自分の感性、気持ちに正直に生きたいふたりは、たちまち

〝熱き思いを胸に デザイナーへの 扉をノックした〟

共鳴しあった。

「同じような向上心があって、相棒みたいな感じ。ふたりともまだ未完成で、これから何かを創り出していきたいという、エナジーに満ちていたの」

一緒に暮らし始め、その部屋には未来を背負うクリエイターたちが集っては、日夜、さまざまなことを討論した。皆、無名で貧しかったが純粋だった。交わされる会話の中に時折『マフィア』という、デザイン・オフィスの名前が出てきた。

「なぜかどうしようもなく気になって、住所が家の近くだったし、ある日、デザイン画を持って思いきって訪ねていきました」

フランスには、〝卵を割らなければオムレツは作れない〟という諺がある。思い立つとすぐに行動する性格。このときの順子さんがそれだった。卵を割ろうと、見ず知らずのオフィスのドアをたたいたのだった。

しかしこのとき、ボスが不在。午後に出直すように言われ再訪したが、ボスはまだ戻っておらず、応対してくれた女性から課題が与えられた。それは、のちに『ＥＬＬＥ』の編集長になった女性だった。

「ランジェリーをテーマに、描いてきて」と、彼女は言った。期限は1週間。

「パリの中でもたとえば、マレは苦手。私にはなじめない場所なの。やっぱりモンマルトルが落ち着くわ」

「睡眠を削って考えました」

ランジェリーの意味を広域に捉え、寝間着はもとより、タオル類やスリッパと、生活まわりの品々を発想して、デザインを描いた。好きな生活雑貨品について考えるのは楽しく、マテリアルについては、東京での問屋勤務の経験が活きた。デザインと実用性を併せもった、生地と素材も選び出して持参した。

真っ白なインテリアの部屋に呼ばれ、面接したのは、マイメ・アルノーダンという、『マフィア』の女性社長。鋭い審美眼を感じさせるショートヘアの女性だった。いくつかラフな会話をして別れた。結果は採用だった。

『マフィア』は、生活用品全般をシーズンごとに、大手デパートや店舗に向け、デザイン、スタイリングを提案する先鋭的なプロ集団だった。ファッションをはじめ、フライパンから繊維、生活用品、コスメティック、ルノーの車まで多岐に手がけた。デザイン画を提出する生活が始まった。

「ものすごい忙しさでしたが、無我夢中で働きました。パリは個人主義の街で、なかなか他者を受け入れないといいうけれど、こちらが一生懸命にやれば、胸襟を開いてくれる。いろいろなことを教えてくれるんです」

やがて、美しく機能的な商品を求め、欧米の主要都市を巡り、購入するというミッションが与えられた。

「初めて行く先々で、歩いて歩いて、歩き回ったわね。山のような商品の中から、意味のあるものを探し出さなくちゃならない。きれい、面白い、これだわと思ったものをキャッチして、お皿一枚でも持ち帰りました。デザイン学校に入り直したような感覚でしたね。お給料がいただけて学べることが、まずありがたかったし、そのうえ、表現力が磨かれて、上司が率直に評価をしてくれる。一生懸命にやりました」

矢のように速く、密度の濃い時間が流れていった。

「5年近くがたったころ、そろそろ卒業してもよいかもしれない、と感じ始めたんです」

行き先を決めない自由で野蛮な旅へ

ちょうどそのころ、『マフィア』の社長と、アパレルメーカー『キャシャレル』の社長とが懇意であったことから、『キャシャレル』でデザイナーとして働

〝恋人と衝動的に気ままな世界旅行へ〟

く話が持ち上がっていた。願ってもない機会だった。

　ところがこの時期、広告関係の仕事をしていた恋人がアメリカに行きたい、旅に出ようと言い出した。

「ふたりで世界各地を旅しながらアメリカに行くという話になり、マフィアを辞めるつもりでマイメ社長に事情を話したんです。そうしたら『アメリカに行くのならリーバイスを紹介することもできるわよ』と、辞めることを了承するばかりか、そんな心強い言葉までくれました。転職の好機だったのに、世界旅行のほうが面白そう！　と。若かったこともあるけれど、元来、好奇心が疼《うず》くと、わくわくするほうにすぐ決めてしまうところがあるんです」

『キャシャレル』には「長期の旅に出るので出発までの2カ月しか働けません」と伝えた。だが、『キャシャレル』は順子さんに、若い人向けのブランドを立ち上げるので一度コレクションをしてから出かけてくれないかと、逆にオファー。

　迷った末に、蓄積してきたキャリアを試すチャンスだと考えた順子さんは、最初で最後と、全力を注ぎ込んで制作、コレクション作品を発表した。それは、お世話になった『マフィア』への恩返しの気持ちのあらわれでもあった。

　そして、ふたりして旅に出た。旅の最終地は、アメリカ。ただしたどり着くまでの半年間は、行き先を決めない自由で気ままなものとした。

　無謀さは若さゆえの豊かさなのかもしれない。「行きあたりばったりの旅」に心が弾んだ。

「出かける前に、もしかするとスペインで結婚するかもと、（高田）賢三さんに話したら『これ持っていきなよ』と、チェックやストライプの生地に、レースのついた可愛いワンピースをくれたのね。結婚衣装という意味だったと思う。結局、結婚することはなかった……のだけれど」

　旅はヨーロッパ各地から始まり、アラビア半島、中近東、東南アジア、バリ島と、あちこち諸外国を巡って、日本に着地するまで続いた。

諸外国をヒッチハイクで楽しみながら

「明日はどこにいるのかわからないという、野蛮な旅は刺激的でした。たくさんヒッチハイクもしたわね。ヨルダンとサウジアラビアの国境あたりで降ろされたら、砂漠のど真ん中。ようやく通りがかったトラックに、なんとか乗せてもらえて、親切に彼の家まで連れていってもらったの。クスクスをごちそうしてくれた思い出があるわ」

1ドルの木賃宿に泊まったかと思うと、次の日はコロニアル風の高級ホテルに宿泊、そんなギャップが楽しかった。まるで映画のような旅だった。

「タイでは映画『戦場にかける橋』の、あの橋を見たくてチェンマイから53時間の汽車の旅をしました。憧れだった橋を渡ったときは本当に感激して」

ラオスの、ごった返す広い市場では、生地を買い、針と糸で簡単なスカートを縫った。

右は賢三さんが結婚祝いの意味を込めて贈ってくれたドレス。
左は山地さんとの結婚の折のもの

「ベトナムとラオスの国境に広がっていた芥子《けし》畑の、一面のオレンジ色も見事でしたね」

途上国だった国々では、現在の状況とはまったく違う、過酷な現実も見た。

「まだシンガポールやドバイには、バラックの家が建ち並んでいた。ドバイで面白かったのは、サウジアラビアで石油が出始めたころで、急に大金を持った人はキャデラックを買い込んでね。舗装された一本道が短いから、行ったり来たりしていておかしかったわ」

予期せぬ展開に覚悟を決めて

半年がすぎて、東京に着いたころにはふたりともくたびれて、アメリカ行きを断念することになった。そしてパ

就職した『マフィア』のマイメ社長と。仕事も脂が乗りきっていた'80年前後

リへと戻った。

「忘れがたい、かけがえのない旅。今でも鮮明に覚えています。もう二度とできない。あの経験はまちがいなく、今の私を形づくっているひとつですね」

パリに帰った順子さんを待っていたのは、ポストに投函された一通の手紙だった。開封すると中には小切手が一枚。『キャシャレル』からだった。辞退した会社からの小切手を「何かの間違いだろう」と思い、返しに出かけたところ、意外な展開が待っていた。

旅行に出かける前に、手がけていったコレクションの評判が上々で、そのギャランティだと説明された。そして会社は若いカジュアル世代に向けた、新ブランド『フィキプシィ』を立ち上げていた。チーフデザイナーとして、正式に迎えたいという話になった。

島田順子さんの人生には、なぜか、ふいに、このような劇的な出来事が起こる。このときもそうだった。恋人との旅行でそのままアメリカに渡っていたなら……。

「絵描きにはなりたかったけれど、ファッション・デザイナーという職業につきたいという思いで、パリに行ったわけではなかったから。私は基本的には、生活まわりのものをデザインしたり、集めたり、暮らしを楽しむことが好きなだけだった。ですからこれは大変なチャンスなのだろうと思いつつも、ものすごく戸惑ったのです」

だが、パリという地を踏んでから、本人の意思とは別のところで、ファッション・デザイナーになるべく導かれ、道が敷かれてきたようにも思える。

考え抜いたあげく「覚悟を決めた」順子さんは、ファッションの世界へととびこんだ。

そして、次々に手がける小粋で可愛く、品のある服は、パリジェンヌの心をつかんで、好評を博した。

「自分の作る服がパリで受け入れられて、本当にうれしかった」

そんなころだった。体調の変化に気づき、おなかに新しい命が宿っていることを知った。恋人と出逢ってから7年ほどの年月がたっていた。

「とても、感動しました」

その瞬間を懐かしむようにいう。だが同時に不安の波も押し寄せていた。

「彼はまだ若く、未熟だったし、収入もなかったから。でも、愛していたし、それに私は女性として、いつか子どものいる人生が欲しいと思っていた。そのとき、35歳だったから、もしかすると授かるのは最後かもしれない、と思ったの。産むことに、迷いはなかったです」

その年の冬、12月に女児を出産した。過去や未来より、今を一生懸命生きてきた。いつでもそんなふうに生きてきたから、名を『今日子』とつけた。

「もっともっと、働かなければと思いました。懸命に働いてこの子をしっかりと育てていこう。幸福をいっぱい与えようって」

不思議と〝結婚〟の文字は浮かばなかった。今は、自分の収入で育てていこう、そう思った。

思いがけぬ恋人との別れ

娘が生まれて1年がたつころ、恋人

〝別離と自立。人生が大きく変わっていった〟

だった彼との思いがけぬ別れが訪れた。

この時期、彼はアヴァンギャルドな雑誌を立ち上げ、大きな話題となって忙しくなっていた。互いの時間がズレるようになり、育児は順子さんひとりにゆだねられた。いつのまにか互いの気持ちがちぐはぐになっていった。

「ずっと暮らしていく人だと思っていたから、別れは相当つらかったですね。時がたつと人の気持ちは変わることがあると知りました。人生って、そんなものかもしれない……。別れてから5年ぐらいは、気持ちを引きずって泣くことも多かった。10キロも痩せて、一生分、泣いたんじゃないかしら……。

でも、娘がいるからふさぎ込んではいられなかったんです。泣きながらでも立ち上がらなくてはならなくて」

腕の中で眠る幼子は、母親の〝力の源〟だった。

「あのとき、本当の意味でプロになったのかもしれない」

ベビーシッターを頼むほどの余裕はなく、「何時までと決めて友達の家に預かってもらったり、あたふたして本当にたくさんの人の力を借りました」。

ショーのとき、泣きやまず離れない娘を抱いて、ランウェイに出たこともあった。

「無我夢中だったわ、あのころ。よく思い出せないくらい」

このころ、順子さんは、思いきって家を買っている。乳幼児を抱えながらの購入は、自身を鼓舞する意味もあったが、大きかったのは、その家との出会いに運命のようなものを感じたからだった。

「以前から散歩の途中で、いつも気になっていた家がありました。ガラスが

JUNKO SHIMADAブランドができる前に仕事をしていたアパレルブランド、『キャシャレル』の仕事で香港出張をしたときのスナップ。30代後半のころ

割れていたから空家かなと……。6階建ての1階。1階のその部屋だけに、特別に玄関がついていて、コンシェルジュを通らなくても入れる、まるで戸建の感覚の部屋でした。石がしっかりしているし、とてもいい感じだったんです。素敵な家だわと思って眺めていました」

運命的だった モンマルトルの家

「私がアパートを探し始めた頃、知り合いの花屋さんに、いい物件があったら教えてと頼んでおいたのです。ある朝、情報が届き、さっそく通勤用のバイクで駆けつけてみたら、なんと私が憧れていたその家だったの」

多くの人が見に訪れていたその家は驚くほどの破格の金額だった。迷わず即決した。

「ものすごくラッキーだったわ!! 思い続けていたら奇跡みたいにかなったんです。さっそく中をワンルームに改装して引っ越しました」

念願の家に住んで数年がすぎた。順子さんはすでにキャシャレルを退社し、その自宅をJUNKO SHIMADAのアトリエとして使い、自宅は別の場所に引っ越していたのだが、しばらくしてアトリエとしても手狭になったため、その家は人に貸すことに。それから15年ほどがすぎたある日のこと。

「空港へ行くタクシーで、いつもこの家の前を通るのね。そしたら真上の階が売りに出ていた。あっと思って問い合わせました。値段は私が買った当時よりずっと高騰していたけれど1階を破格値で手に入れたのだから、2階を頑張って買ったら上下をつないで娘のために二世帯住宅にできるかも！ と。思いはどんどん膨らんで、思いきってローンを組んで購入したんです」

改築を始めて、天井や壁の一部を取り去った。できるだけ広い空間に見せようと、上下階をつなぐ階段は、アイアンのらせんの形に決めた。

「私は建築雑誌を読むのが大好きなんですが、いつか見た、スペインの教会の階段が、ものすごく印象に残っていたのね」

アイアンの間隔は、11センチにした。

「いろいろ研究して、こだわり抜いて見つけたサイズ。私にとっていちばん美しく見える幅です」

美しい住み家にするためには、妥協したくない。希望にこたえてくれる職

〝シングルの子育てを支えた娘の存在〟

人を探し出した。そうやって1年後、心地のいい家が完成した。

「恋人がいなくなって、ずっと悲しみに暮れていたけれど、幸運が舞い降りてくれたのですね。生きていく張り合いになりました」

家を所有して、ますます働いた。仕事をしていると毎日のようにストレスが生まれて疲れもしたが、わが家でのくつろぎがそれらを癒やしてくれた。

そして、年に一度の長いバケーションをとっての帰国、ゆっくりと過ごす館山での日々も、やすらぎになった。海や山の新鮮な幸を、得意の腕で料理し盛りだくさんに食卓に並べては家族や親戚と楽しんだ。

母娘でビキニ・スタイルの水着を着て、海で泳ぎ、父親の操るヨットで、ブルーマリンの水面を滑るように沖まで出かけた。くっきりと水平線が見えた。夕方には稲穂の実る、のどかな田園の道を、娘と手をつないで散歩した。

「懐かしい匂いの風に吹かれると、私自身も元気になれたのね」

パリの暮らしと同じように、日本の文化や情緒を、娘に伝えたかった順子さんは、日本語を教え、七五三や、桃の節句、七夕……と、祝い事もしてきた。

「父親のいない境遇だったから、父と母の両方の役割を担って、いろいろ教えなくてはと思ったし、何より寂しい思いをさせたくなかった。シングルで子育てをしている女性たちは、皆、悩

1　8歳の今日子さんとバリ島に行ったときの写真。2　館山でヨットに。館山で過ごす夏休みが多く、今日子さんは日本語をそのとき覚えた

1

2

冬の館山。父親はヨットが好きで順子さんが仲間とヨットを楽しむときたびたび参加した

み、そんなことを考えるのではないかしら。でも、それでちょっと甘やかしすぎたかな、と思うこともありました」

10代半ばに反抗期に入った娘とは、ぎくしゃくして、口論をしたり、逆にまったく話さないこともあった。

「子育てって本当に難しいものね。まして や母親が忙しい仕事をしていると、感情の揺れ動きが激しいときもあるから。でもね、確実に娘は私の人生を支えてくれた。私の生きる力でした」

自身のスタジオ立ち上げへ

『キャシャレル』で腕をふるった6年間。再び、卒業をしたいという気持ちが芽生えた。なぜか数年に一度、順子さんの人生には、このように転機が

1

2

1981年秋に発表した第1回のコレクション。「トレンチコートからタイトスカート、ワンピースなどアイテムすべてをシャツ地で作りました」。今見ても少しも古びていない

やってくる。

そして大きなチャンスが訪れた。京都の商工会議所がパリに視察で訪れ、そのひとつの大手繊維メーカー、『ルシアン野村』（現・㈱ルシアン）のオーナーが、パリで活躍する島田順子に白羽の矢を立てたのだ。ブランド立ち上げを提案し、資本協力を申し出てくれた。

「私は、服飾会社のいちデザイナーで充分だったし、そういうポジションでいいと思っていたので、話をいただいたときは、実は動揺しました。自分のブランドを立ち上げるなんて、大ごとですから。一年間、考えさせてくださいとお答えしたんです」

だがメーカー側は、情熱を持って待ってくれた。

「初めてお会いした会食の席で、まさか事業を考えてくださっているとは知らず、確か私は、お恥ずかしいことに、まだ引きずっていた失恋話ばかりをしていた記憶があります」

こうして1年後の1981年、40歳のときに、パリ18区ジュノー通りに『JUNKO SHIMADA DESIGN STUDIO』が誕生した。10月には初の〝パリ・コレクション〟を開催。以来、

「やるからには、私にしかできないものを」が、順子さんの矜持である。

JUNKO SHIMADA デザインの原点

初コレクションは、考え抜いたあげく、シャツ生地だけですべてのアイテムを作ろうと考えた。

「ジャケットを脱いだ男性のシャツ姿、パリッと糊のきいたワイシャツの後ろ姿にドキッとして……」

斬新な発想だった。しかしどこかベーシックで、大人のモード感あふれる服には、すでに島田順子の世界があった。高く評価されてコレクションは成功し、パリの有名百貨店、『ギャラリー・ラファイエット』や『プランタン』が、販売権を求めてきた。

「私は芸術家ではないし、なんと言ったらいいのかしら、奇抜なものを自己陶酔して作るようなタイプではないの。今を生きている、普通の暮らしをしている女性たちに向けて作っています。これを着た人がきれいになるだろう、素敵になるだろうと、想像しながら作るのが楽しいんです。おしゃれになり

3

4

1　1981年秋にJUNKO SHIMADAの初コレクションを開催した、ガブリエル通りの貸しスペースは思い出の場所。
2「大好きなパイソンずくめのコレクション。今はプリント素材のものもあるけれど私は絶対にリアルパイソンが好き。早くから使っていました」

〝女性たちは、きれいを分かち合いたくて〟

1

たい、と前向きな女性たちにきれいよって言ってあげたい。きれいを分かち合いたいのね。昔、観たフランス映画の女性たちがすごく素敵に見えた。あの雰囲気を、今もずっと求めているのかもしれません」

　デザインする服は、原型に近いごくシンプルなもの。しかし、どこか小粋でチャーミング。それはカッティングの数ミリ単位の技や素材、ボタン選びのわずかな差で生まれる。それを自身が身にまとい、チャーミングな大人の着くずしを体現してきた。

「和洋の違いはあるけれど、ちょっと着くずすことで服にニュアンスを持たせるのは、やはり祖母の小粋な着こなしの影響でしょう。思うのは、好きなものって小さいころからずっと変わらないということ。こういう服が好きと

1　80年代のボディコンシャスなデザイン画。2　今も大好きなルック。マニッシュなジャケットにロングプリーツのバランスが絶妙。水玉も効いている。3　コレクション終了後に発明家の友人ジルと記念撮影。順子さんのまわりにはいつもクリエイティブな友人たちが集まっている。4　日付は1986年7月7日。順子さん45歳の誕生日に撮影された写真。自立した女性の自信と美しさに満ちた笑顔

か、こういう色が好き、こういう風合いが好き……。そういったすべてがベースになっていると感じます」

やがて順子さんのモードは日本にも上陸。瞬く間に人気ブランドとなって広がっていった。１９８６年には、東京に『JUNKO SHIMADA INTERNATIONAL』を設立。

「当時のパリは日本人デザイナーがたくさん進出してきていて、彼らの服にはパリの人が強い印象をもった『日本らしさ』がありました。でも私はデザイナーになるつもりでパリに行ったわけではなく、パリでイチからデザインを学んだの。なので新人デザイナーな

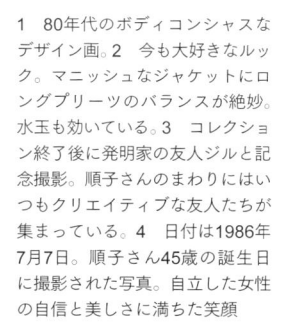

〃40歳をすぎて訪れた運命の人との出逢い〃

のに日本らしさがない、可愛くないと思われていたかも」。その代わり、パリは順子さんの服を「パリジェンヌよりパリジェンヌらしい」と評価してくれたことを今も覚えている。

「それしか言いようがなかったんじゃない？」と島田さんは謙遜するが、パリっ子の評価は褒め言葉に間違いない。

「デザインの仕事は楽しくて、どんどんアイデアが湧きました。若かったし、自分が着てみたい服があれもこれもとたくさんありました。片っ端から作って着てみて自分に何が似合うのかも次第にわかっていったのだと思います。でもそのころから変わらず、大切にしているのは『女は女らしい、男は男らしい、子どもは子どもらしい』服を作ること。これは私がずっと守り続けてきたデザイン最大のテーマです」

(右) マフィアに出入りしていた仲良しのシャンタルと。「彼女は布地のスペシャリストだった」
(左) 山地さんから贈られた、サイドにスクエアカットのダイヤモンドをあしらった上品なパールのリング

思いがけない出逢いとプロポーズ

今日子さんを育てるために、懸命に仕事を重ねて、42歳になった順子さんはひとりの日本人男性とめぐり合った。山地三六郎さん。のちに結婚することになった、2歳下の男性である。祖父が起こしたという海運会社の三代目だった。

「失った恋で涙も涸《か》れ果てて、これからはひとりで生きていく、と覚悟ができたころに、出逢ったんです」

日本に帰国中だった。友人から誘われた山地さんの誕生日パーティ。知らない人のバースデイに、気後れしながらも出かけていった。

そこにいたのは知的な雰囲気のダン

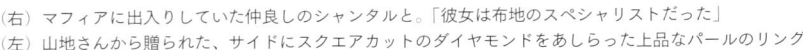

夢のような美しさの船上ウェディング。新婦はもちろん、新郎のスタイリッシュさもさすが

〝パリ。すずらん祭りの夕べに愛を誓い合って〟

ディな男性。そしてやさしそうだった。話が合って、不思議なくらい居心地がよく、相性がいいと感じた。

「波長が合ったのね。彼も同じだったみたいです。初対面だったのに、私、なぜかこの人と結婚するかも、と思いました」

　その後、東京とパリという、遠距離の恋愛を大切に育てていった。順子さんは、ビジネスで帰国する以外にも、時間をつくっては東京へ。山地さんも休暇をとって、時折パリへと出かけた。

「ふたりとも、もう充分に大人で、忙しい責任のある仕事を持っている。お互いにこれまでの人生のスタイルを変えることはできないから、その生活をベースにしようと話し合いました。できるだけ往き来して、絆を深め合っていきました」

セーヌ河の船上で愛を誓い合って

　出逢ってすぐ「いい人そうだわ」と感じた、その感覚は間違っていなかった。会うごとに信頼感が増していった。ある日、プレゼントしてくれた、パールの指輪。婚約の意味が込められていた。シンプルでつややかで美しかった。

「女性として扱われた感じがあって、本当にうれしかったわ。それまでひとり、夢中で闘って走ってきて、男まさりと思われてしまうのか、男性からごちそうされることすらなかったの」

　何年か前、ブーロンマーロットの家が空き巣に入られたことがあった。ほとんどのジュエリーがなくなったが、このパールの指輪だけは床に転がって奇跡的に残っていた。

　やがて東京で、正式にプロポーズを受ける。恋愛関係となってから5年ほどがたっていた。「5月の連休しか休みがとれないから、5月に結婚しよう」が、その言葉だった。

「照れくさくて、うれしくて、下を向いて思わず微笑んでいました。この瞬間を永遠に忘れまいと思いました」

　山地さんが、娘の今日子さんを「わが子のように大切にしてくれる」ことも、安心のひとつだった。

　5月1日、パリでは〝すずらん祭り〟が行われる。愛する人に可憐なすずらんの花を贈って、幸せを願うという素敵な風習だ。その日、ふたりの結婚披露パーティが、パリ・セーヌ河の船上、シャント・ヴァン号で開かれた。

　夕暮れ時。舳先《へさき》にたくさんのすずら

展示会が終わって上機嫌の今日子さんとこれからコレクションを控え、いささかお疲れモードの順子さん

んが飾られた船には、親しい友人たちが次々に訪れて、シャンパンで祝福。河岸の街並みを眺めながらの、ゆったりとしたクルーズが始まった。

　この日、順子さんはデコルテが映える優美なドレス、山地さんのモーニングに合わせて、11歳の今日子さんもボーイズ風のおしゃれなタキシードを着た。結婚指輪は友人のデザインしたゴールドの台に、小さなダイヤモンドがはめられた気品のあるもの。この夕べからずっと、順子さんの小指にある。

　結婚後もパリと東京で、別居結婚という形をとった。順子さんはビジネスを兼ねて、頻繁に往き来した。「森英恵さんから、夫婦は一緒にいないとだめよ」と、アドバイスされたこともあったというが、ふたりにとって、この距離間は心地のよいものだった。会えなくとも、温かい気持ちが通い合い、この幸福な結婚生活は、8年前、山地さんが病気で亡くなるまで続いた。

「毎日、一緒にいなかったからかしら、実感がなくて、今でもいるような感じがするのね。特に東京の家に帰ると、そう思います。寂しいけれど出逢えてよかった。今日子も、成人してからもずっと仲がよかったから、寂しさを味わったと思います。私はモンマルトルと、パリ郊外の家、そして東京の家でも、夕陽を眺めながらシャンパンを飲むのですけれど、いつも、彼のためにもうひとつグラスを用意して注いでいます」

　郊外の家とは、緑濃いブーロンマーロット村の古い館のことだ。結婚をする1年前、モンマルトルの家と同様、

ブティックの一角で。パリ・コレクション準備は毎回もっとも気の張る時期。デザイナーとは羽根を抜いて機を織る作業にも似て

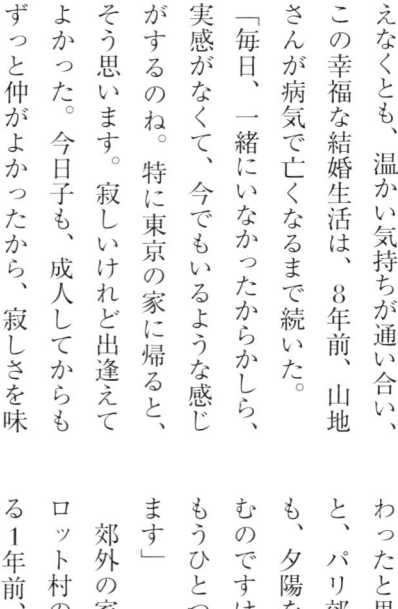

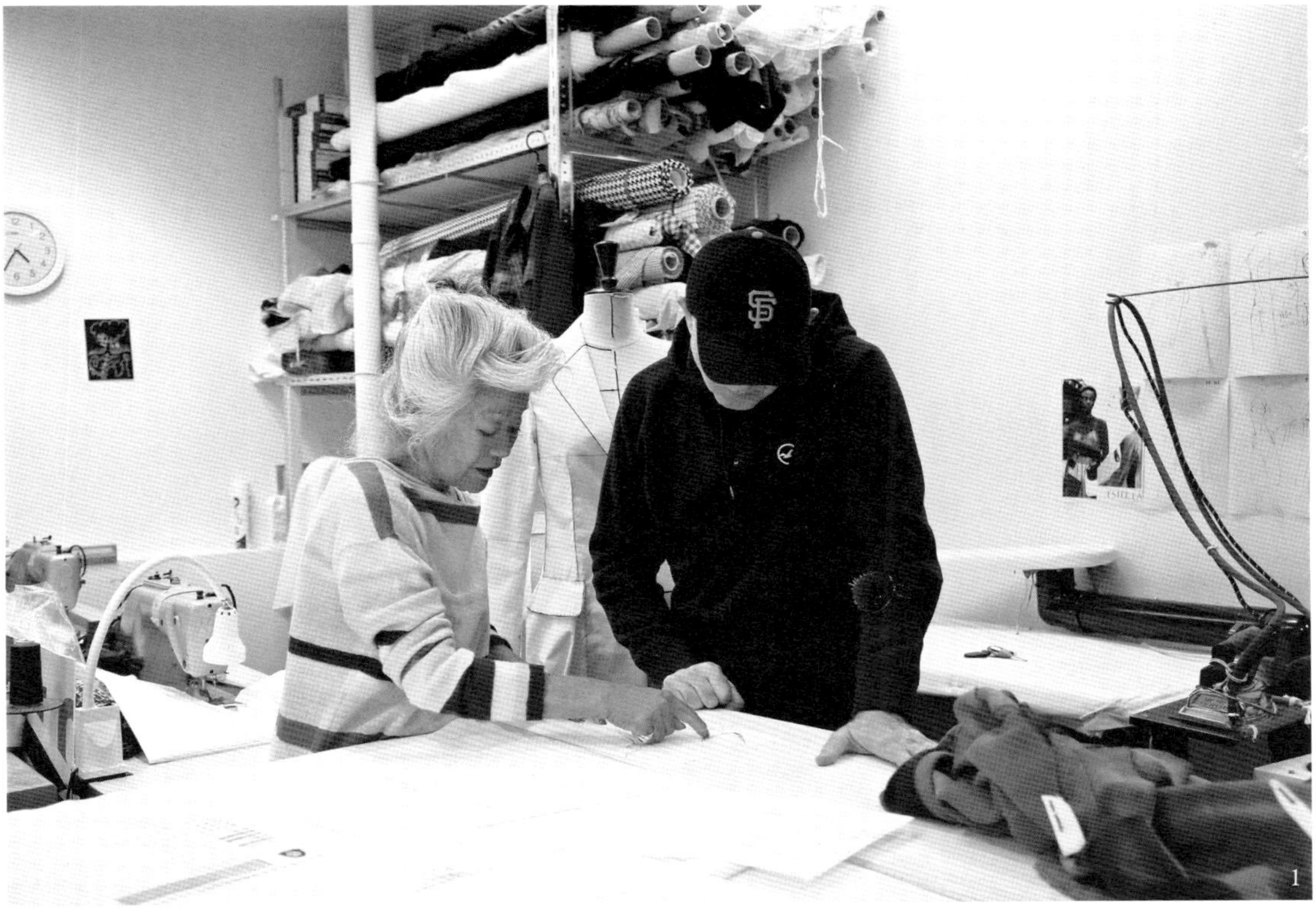

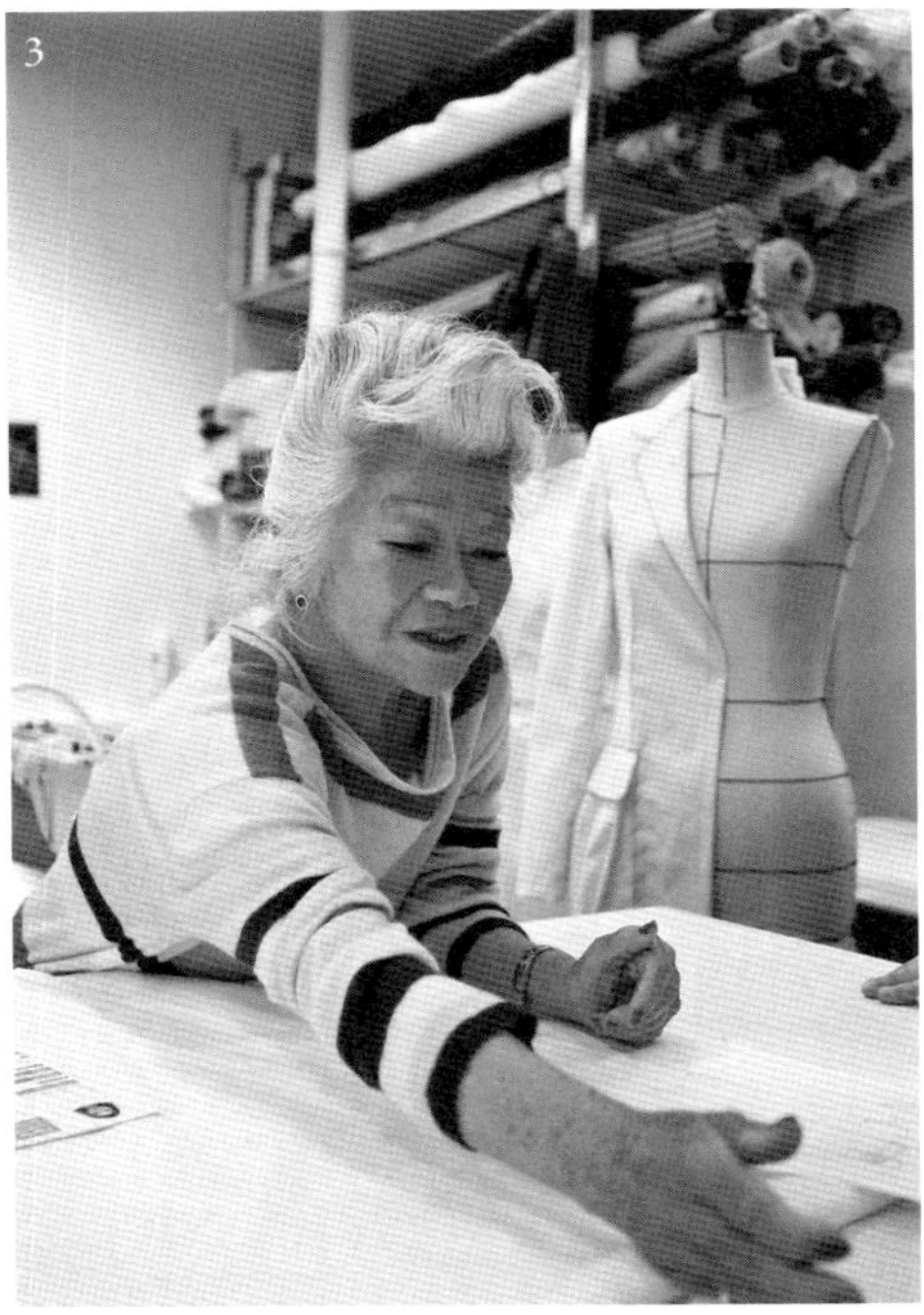

1・2　アトリエで作業中の順子さん。デザイン画を見ながら、トワルと呼ばれる仮縫い用のサンプルを作るための指示をトワリストに伝えているところ。トワリストは指示にしたがって立体裁断をし、服の型紙を作っていく。3　微妙な曲線を修正するこの工程が最終的な服の仕上がりに大きく影響することになる

願いを胸にロウソクの火を勢いよく吹き消して

ひと目で心惹かれて所有したものだった。

「娘がフォンテーヌブローの馬場で、乗馬を始めたことがきっかけでした。終わるまでの待ち時間に、休める家があったらいいなと思ったんです。この家を見つけたとき、ああ、来るのを待っていてくれた、そんな気がしました」

広い敷地に、蔦のからまる母屋とゲストハウスがある、18世紀の家。取り囲むように、樹齢200年を超える樹木が生い茂っている。

「私は人も家も、すべて出会いだと思っています。運命的だと感じることもある。きっと出会うべくして会ってしまうのね」

モンマルトルの家と同じく、古びた屋内を大改築し、以来、フランスのふたつの家は、順子さんの人生とともにある。どんなに多忙でも、週末にはポルシェに、愛犬を乗せていく。

「パリの家は、仕事場が近くてビジネス中心の生活なので、せわしなくて、どこかくつろげないんですね。だからブーロンマーロットでは自然の中に行って、朝陽を浴びたり、夕陽を眺めたり、薔薇の花の虫とりをしたり、お洗濯したり。シャンパンをあけて、庭のテーブルで気ままに食事をしたり……、体も心もみずみずしくなっていくのを感じるわ。不思議なことに、デザイン画も、田舎の家のほうが筆が進んだりします」

7月7日生まれの順子さん。2018年夏に77歳と7尽くしの誕生日を迎えた。東京でのバースデイパーティの模様。1・2　長年の友人で演出家の四方義朗さんが温かいスピーチを。薔薇はもちろん77本！ 3　ライセンス先から贈られたお人形。アニマルカーペットが順子さんらしい

1　サンフロランタン通りにあるブティックの外観。2　展示会の準備中。冬の最中だったので足もとのバルキーなソックスと靴がキュート。3　テレビのインタビューを受けて。4　愛用のパイソンのパンツ姿。5・7　アトリエの壁面にはスワッチを貼りつけたルックがぎっしり

3

1

4

緊張感と和やかさが交錯する 仕事場風景

2

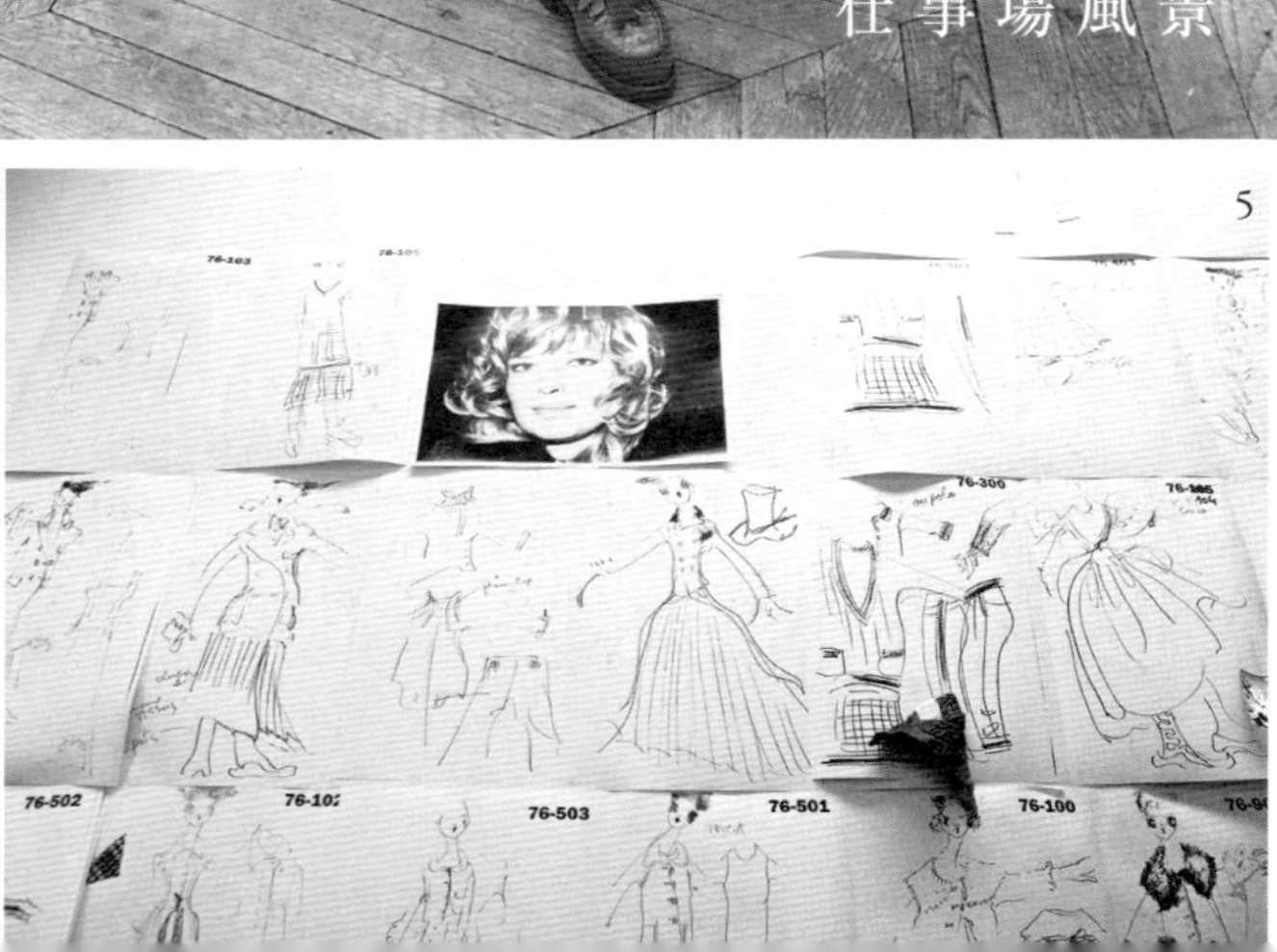

5

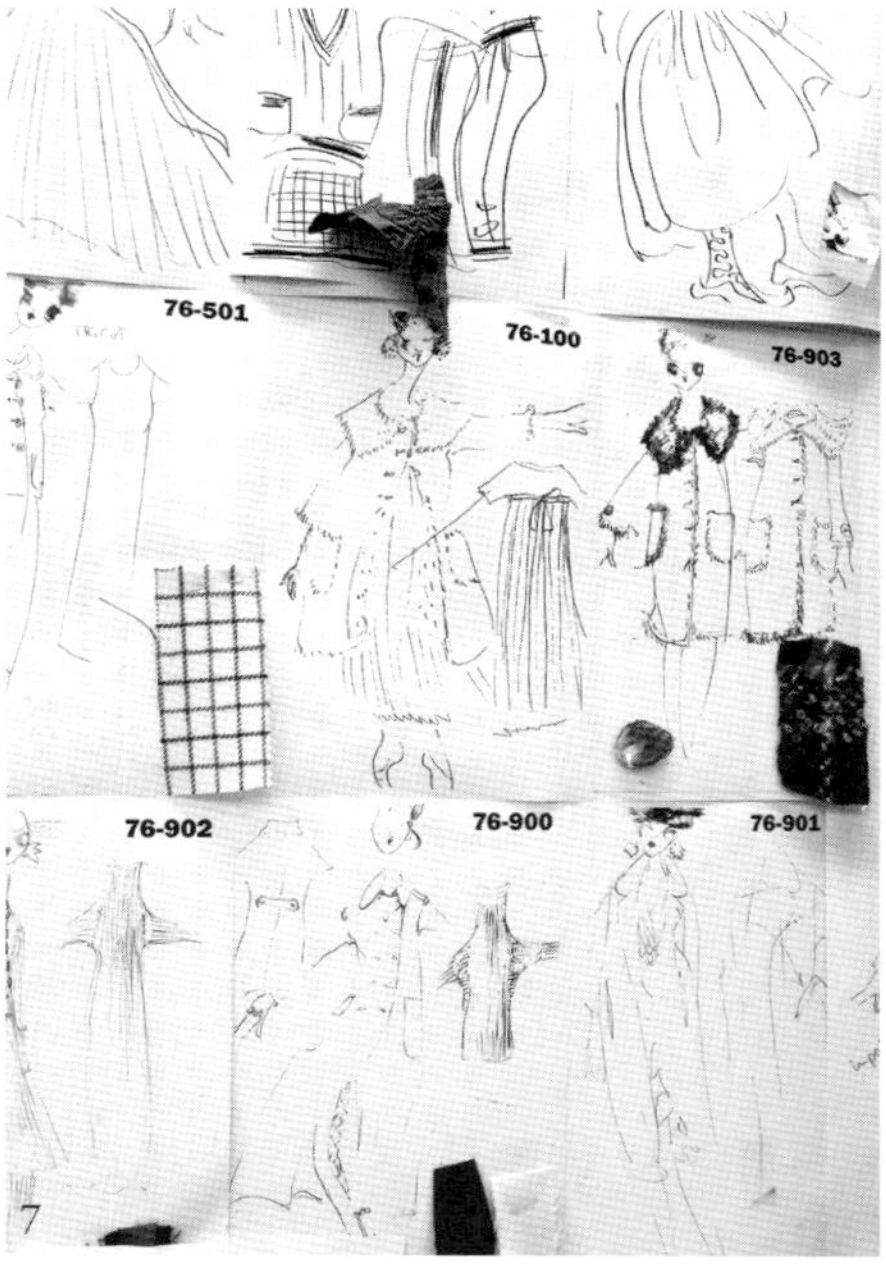

7

6

9

6・8・9「ハ虫類素材は初めはごついけれど、着ているうちにどんどん体になじんでくるの。袖を通すと自分が守られているような気分になるから大好き。何着も持っているの」。クロコダイルのライダースジャケットがこんなに似合う大人っているだろうか

8

庭は、必要以上の手入れはせず、野性味を残している。

「木も花も草も、おおらかな自然のままが大好きなの。命の息吹を感じられるでしょう。私の人生に自然は欠かすことができません」

何者でもない自分を自立させてくれたパリの街

35歳で決意を胸に出産した娘、今日子さんも、大人になり一女の母親となった。２０１０年に生まれた、その孫の名づけを頼まれた順子さんは、娘の名を考えたときと同じ気持ちで、その日、そのときを、大切にしてほしいという願いをこめて『今（いま）』と名づけた。

そして今日子さんは、母と同じデザイナーの道を歩み始めている。馬が大好きで、小さいころから乗馬に親しんできたことから、乗馬服からイメージした、スポーティな服飾ブランド『ラヴァリエール』を立ち上げて、コレクションを発表。また、最近では順子さんのコレクションに関してのサポートも行っている。

「私は、建築に興味があるので建築家になってほしいと思っていたけれど、親の願うようにはならないものですね。でも、この道で行くと決めたからには、一生懸命、頑張って、と思っています。孫のことも、私のできる限りの応援をして、見守っていきたい。自由で自立した幸せな人生を歩んでほしいわ」

渡仏してから、またたく間に50余年がすぎた。

「憧れの街を、ひと目見てみたいというだけで、日本を出たけれど、なるようになるのではないかという気持ち。それがよかったのだと思う。生まれ持った性格なのかもしれないけれど、何もかも真剣に考えて、計算をして、準備をしていたら、きっと何もできなかった。ハプニングは起こらなかっただろうし、人生を変えるようなめぐり合いもなかったと思うのね」

フランスは第二の母国となった。

「いちばんよかったのは、インディペンデントできたということです。それがたまたまファッション・デザイナーであったけれど、何であれ、ひとりで歩けた！　自立して、自分自身の足で生きられることを見つけ出せた。パリが与えてくれたことですね」

２０１９年秋、JUNKO SHIMADAは、77回目のパリ・コレクションを迎える。

ブーロンマーロットの家で撮影の着つけ中のショット。愛犬たちも自由に参加している姿が微笑ましい。自然体の順子さんらしい仕事風景

日々を楽しむ

Enjoying life every day

Chapter 04

きれいで、心癒やされるものに囲まれて暮らしていたい。
順子さんの毎日は、そんな思いと美意識に貫かれている。
好奇心のままに、どこにでも出かけていく。
映画や観劇、美術館や音楽ホール……。ふらりと旅に出ることも。
今、瞬間を楽しみつくすことが、明日の輝きへとつながっていく。

今日子さんが京都で見つけて
パリに連れ帰った雌の柴犬
「もみじ」と中庭をお散歩

〝朝陽とともに始まる、きらめくパリの暮らし〟

パリ市内と、郊外のブーロンマーロット、東京、そして館山と、4つの家を、自由に往き来する暮らしを続けている順子さん。「年じゅう、時差ぼけしてるのよ」と微笑むが、いずれの地でも、〝自分流の心地よさ〟を求めるスタイルは変わらない。

　年間、もっとも多くの時間を過ごすモンマルトルの自宅。順子さんの朝は窓から差し込む朝陽とともに始まり、ビジネスモードへと切り替えるまでの約2時間を、ゆっくりとくつろぐ。

満月の夜に
自分で髪を切る

「毎朝、まずお風呂に湯を張ってから、キッチンに行って、カップ一杯の生姜湯を飲みます。すりおろした生姜に、お湯を注ぐだけのものだけれど、体が温まるの。長年の習慣で風邪をひくこともないですね」

　そして珈琲用の湯が沸くのを待つ間、細巻き煙草を1本。トランプカードをめくる。「昔、母親がやっているのを見て覚えたの。その日の運気を見たりするのね。色や数字が揃って、よいカードが出るまで、やり続けたりもします」

　パジャマ代わりに着ているのは、夫の残していったワイシャツ。

「白やストライプのものがたくさんあって。しょっちゅうお洗濯するから、くったり柔らかくなって、寝心地がちょうどいいのね」

　バスルームは、真っ白なタイルとバスタブで、清涼感に満ちている。

「湯船に浸かって、全身のストレッチをします。だんだんと体がほぐれて温まり、気持ちよくリラックスできるの。いつも1時間ぐらい入っています。バスルームは私にとって、いちばんの〝癒やしの場〟。最後に髪を洗って」

　洗い髪はさっと乾かして、くるくると巻き上げてピン一本で留める。今では島田順子さんといえば、アップスタイル、というほど定着したヘアスタイル。エレガントでよく似合う。

「ささっとまとめられて便利。カールやスプレーしたりしなくていいし、気持ちよく清潔な感じがするのです」

　伸びてきた髪は、満月の夜に切る。

「昔、パリに住む魔女みたいなおばあさんから『満月の夜に髪を切ると幸せになる』と聞いたのね。いいことは信じようと思う性質《たち》だから、それ以来、ずっと。ハサミを用意して、自分でバサバサっと切ります」

1　パリの家はトイレを除いては独立した仕切りのない大きなワンルーム。正面の本棚の奥にベッドルーム、食器棚の奥にキッチンがある。東京の家と同じガラスのダイニングテーブルが中心に据えられ、その手前にソファを置いたリビングスペースがある。ソファからは窓越しに公園が見える

2　整頓されたキッチン。清潔なステンレスにガラスや陶器がアクセントを添える。3　今日子さん親子のスペースへはらせん階段でつながる。4　本棚横の書斎スペースは真っ白のテーブルやル・コルビュジエのシェーズロングがモダンなイメージ。順子さんがデザイン画を描くこともあるが、今ちゃんのお絵描きスペースでもある。可愛い絵がたくさん貼ってあって心なごむ空間

No flowers, no life...

5～6月の庭は色とりどりの花々で生命力に溢れる

1　色とりどりの薔薇が見せる見事なハーモニー。2・3　6月のブーロンマーロットは満開の薔薇でもっとも華やかな季節。順子さんの花を生ける手も弾んで

4　2階の寝室の窓辺まで薔薇の生け垣が伸びて香りも素晴らしい。5　キュートな動物のオブジェに蚊取り線香を乗せる自由なセンス。6・7　1輪ずつ生けるアイデアが作り出すアーティスティックな空間。花瓶がたくさんないとできないけれど、順子さんの発想はあくまでオリジナルで美しい

1

1　ブーロンマーロットの家の門を入るとマロニエの大木がお出迎え。リスもやってくる広い敷地に母屋と今日子さん親子が使う別棟、さらに昔、教会として使われていた地下室もある。1階リビングからは沈む夕陽が見える。5月には藤の花が満開に

衣食住のすべてを大切にする順子さん。モンマルトルの家には、週末を過ごす村の家ほど、ゲストが来ることはないけれど、自分がきれいだと感じるものに囲まれ、いたるところに花を飾り、心地よい空間をつくり上げる。食を楽しむのも同じである。

「ふだんは、仕事のスタッフや友人たちと、大勢で食べることが多いですけど、もちろん〝ひとりごはん〟のときもあります。そんなときは、ハムや野菜をはさんだパンを食べたりしますけど、お餅を焼くことも多いの。しょうゆをつけてのりで巻いて、磯辺巻きにしたり、きな粉であべかわにしたり。私はお餅とかお赤飯が大好きなのよ。お餅は日本からたくさん持っていって、冷凍しておきます」

夜は、上の階に暮らす今日子さん、

2　1階はダイニングキッチン、リビングなど。2階には順子さんの寝室とゲストルームが2つと家族用のリビングが。その上は美しい光の入る天窓つきの屋根裏部屋。順子さんが絵を描くデスクがある。3　新調したカーテンを掛け替える順子さん

孫の今ちゃん親子と、なごやかに食卓を囲むことも。順子さんはキッチンに立って、心をこめて美味しい料理を作る。
「娘は肉食系、私と孫は和食系。バラエティに富んでいて面白いわ。〝食〟は本当に大切。生きる力、源ですから。レトルトのものは簡単かもしれないけれど、心が伴わなくて、どこか寂しい気がする。私は食事だけはいちばんに考えて、子育てしてきました」

〝シミもシワも隠さない。これが私だから〟

ヒールにタイトスカートで、じゃがいもをソテーする格好よさは、順子さんならでは。

「買ったばかりの新しい服や靴で街を歩くと、なんとなくぎこちないでしょう。ぎこちなさは野暮というもの。まず家の中で着たり履いたりして、暮らしの中でなじませてしまえばいいのです。服に着られるのではなく、着る！という心意気。パリのマダムが素敵で格好よく見えるのは、何事もこなれて身についているからなんです。

　フォークやナイフの使い方、ワインの飲み方ひとつとっても同じ。でもそれは正式なマナーどおりにという意味ではないの。テーブルワインを気どって飲んでいたら、かえっておかしいですね。慣れというのはそんな〝こなれ感〟。誰に教えられるものではありません。自分で覚えるものなのです。

　私の姿を見ながら、孫も自然に吸収して覚えていくと思っています」

　インテリアも同様だと考えている。

「私が祖母を見て育ったのと同じで、

1　最近のお気に入りのカラフルなグラス。置いてあるだけで絵になる。2　キャンドルを灯すのが大好きなのでキャンドルスタンドも種類豊富。館山の家ではゲストを迎える家までの上り坂に小さなキャンドルをたくさん置いたことも

美しいものの選び方や感じ方は、肌で覚えるのではないかしら。それが娘や孫の生き方に取り入れられていく」

やせ我慢ではなく
自分が快適かどうか

幼いころから、自身が〝体感〟するものがすべてだった。そのひとつひとつが、順子さんの美意識を形作ってきた。そして、それはあくまでも自然体。たとえばシミもシワも隠すことがなく、素顔に近いこともすでに順子さんの魅力のひとつとなっている。

「自分には見えないから、いいんじゃない？」とジョークを飛ばしながら、「これでもファンデーションをさっとは塗っているのよ。でも隠すことは年齢を否定することでもあるし、隠そうとばかりしていたら毎日が楽しめませんね。取り繕って生きていても自由じゃない。私にとってはシミやシワができることより、陽にあたってのびのび暮らすことのほうが重要なのです」

石畳を歩く足もとは、冬季をのぞけば一年じゅう、素足にヒール、あるいはスニーカーやモカシンで。

「昔からストッキングが嫌いで、素足が気持ちよくて好きだからというだけです。冬でも防寒用の肌着はつけませんし、カシミヤのセーターが肌着代わり。カシミヤは肌にやさしく温かくて、洗濯をするとよけい肌になじみます。そこに上着を羽織るだけ。それはおしゃれのためにやせ我慢することではまったくありませんし、こだわりでもなく、私の中のひとつの意識ですね」

大切なのは人の目ではなく、自分がどうしたいのか。いつも主軸はそこにある。

「自分が楽しく快適で、いかに気持ちよく生きられるか、がいちばん」

順子さんの御用達アンティークショップのひとつ。P.42の赤い花瓶はここで見つけた。モンマルトルに行ったらぜひのぞいてみたい一軒だ

De l'Autre Côté
de la Butte

●5 Rue Muller, 75018 Paris, France
antiquites-montmartre.com
TEL：+33 (0)1 42 62 26 06

What do you fancy for dinner?

夕食の準備はまず
アペロから始まるのが日常

1　夕暮れ時、シャンパン片手におしゃべりするアペロの時間が始まる。順子さんの日常には欠かせないルーティン。特別なものを用意しなくても「今日はあれがあるわ」とさっと器に盛ればOK。何もなければチョコレートをつまむ日もある。夕食の前にこのひとときを持つだけで気持ちが浮き立つ。
2　ある日はベリー。3　BIOの店で買う味の濃い野菜の日も

4　ポテトチップスとナッツとビールやシャンパン、という日もある。5　1で切ったアペロを盛りつけたところ。6　最近お気に入りのシャンパン、ゴッセ。7・8　モンマルトルで順子さん行きつけのチーズ屋さんと酒屋さん「なじみの店ではお酒の銘柄など新しいものを教えてもらったり。お店の人と仲よしになっておくといろいろ知識も増えて楽しいわね」

1　シャンゼリゼ通りの有名店『カフェ フーケ』。まだ日本にいたころにテレビCFで見て憧れていた。今でも大好きなカフェのひとつ。2　アトリエ界隈を歩く順子さん。後ろ姿もきりっとしていて素敵。3・4　オペラ座とチケット。オペラは「ノルマ」「トゥーランドット」などの演目が好き。「以前は年間で席を取っていくほど好きでした。今は好きな演目のときや知人に誘われたときに行く程度」

1

2

Favorite places in Paris

何十年住み続けていても パリは魅惑の街

4

3

5　映画は深夜のテレビで見ることも多いが新作が観たくて映画館に足を運ぶことも。6　愛車から降り立ったところ。「車で走っていると若者が乗った車から追い越しざまに『マダム、カッコいいね！』なんて声をかけられることがあって、そんなときはちょっとうれしくなっちゃうわね」若者でなくても、こんな素敵な迫力あるマダムを見たらそう思うはず

6

順子さんがシーツを縫うためのリネンの布地を買うのがここ、マルシェ・サンピエール。昔ながらの大きな生地店は何かと便利でよく利用する。P.105のカーテン地もここで購入

Marché Saint-Pierre

●2 Rue Charles Nodier 75018 Paris, France
URL：http://www.marchesaintpierre.com
TEL：+3(0)1 46 06 92 25

アトリエは大きなテーブルが置かれた開放的な空間。スタッフは自由にそのテーブルで作業をする

「人目を気にして、おしゃれが楽しめないとしたら、とても不幸なこと」

と順子さんはいう。そしてルールをはずしたところに、本当のおしゃれが生まれるのだと。

「ルールや既成概念にとらわれていたら、ファッションはとても味気ないものになります。でも、ルールを何でもはずせばいいということではないのです。はずしてコケティッシュにしようとか、着崩そうと思った時点でそれは違うでしょう。

本当におしゃれな人というのは、それまでの年月をどう過ごしてきたか、生き方が表れるのではないかしら。それは生まれ持った品かもしれないし、その人のトータルなもの。背景から自然と醸し出されてくるもの。その人の雰囲気をつくっているのは、長年の技でしょうね」

街の空気感を捉えながら散策

朝、出かける前、家ではテレビのニュースを、アトリエに着いてからは、フランスと日本の新聞をチェックするのが、毎日の習慣となっている。

「今、何が世界で起こっているのかを知ることは、ファッション・デザインの仕事にも大きく関わっていますから」

時間の余裕があれば、街へ。

「人や、ファッションや、今どんなものが面白いかとか、動きを見たいから。でも何かをつかんでやろうとか気張っているわけではないの。言ってみれば、街の空気感を捉えているといった感じでしょうか」

愛車に乗る順子さん「あの角を一度で曲がれたら今日はラッキー！」なんて思いながら運転してるのよ

広々したブーロンマーロットのキッチンで料理中。「調理道具は大好きなの」。コレクションが終わると自分へのご褒美に鍋を買ったり

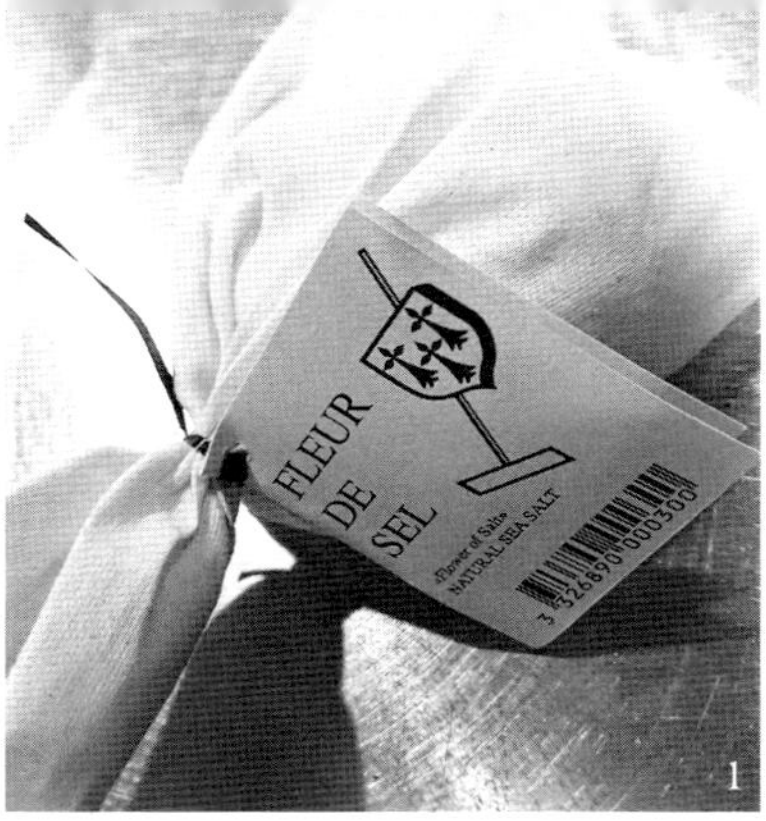

My Kitchen companions

使い勝手のよさと美しさを兼ね備えたキッチンツール

1　愛用の塩はブルターニュ産。2　オイル、塩、洗剤など目につくものはすべて容器に移し替えて使うのが好き。3　大好きな鍋やフライパンはすべてMauviel（モヴィエル）というフランスの老舗ブランド製。重いけれど熱がむらなく伝わって料理が美味しく仕上がる。4　野菜入れには大きなガラスボウルが活躍

〝何より「個」として生きられる
パリは自分が
ありのままでいられる街〟

渡仏して数十年を経ても、「いつも新鮮で、発見ときらめきがあり、ロマンティック」だと語るパリの街。順子さんは生涯を過ごすと決めている。

「突然にテロが起こったり、決して安心できる街ではありません。陸続きのヨーロッパ大陸に、さまざまな国があって、さまざまな人種がいて、宗教があります。交ざり合った複雑な歴史があって、染みついている。パリという街に、ひたすら憧れを抱いてやってきた私は、当時、信じられないほどの、生々しい現実も突きつけられたものです。

たとえばユダヤ人がどれだけ迫害を受けてきたかといったことも、知るまでは他人事でした。しばらく前に起こったコンサート・ホールでのテロでも私の知り合いが亡くなった……。〝黄色いベスト運動〟は今も続いていて、そのためコンコルド広場は、毎週土曜日には封鎖されます。でも、恐ろしいとは思っても、やはり私はパリを離れようとは思わないのです」

むしろ、パリに恋した20代のころよりも、愛おしい街だと感じている。

「あれほどまでに美しい街はないと思うから。たとえばルーヴル美術館に行けば、目の前に数々の名作が並んでいる。一日じゅういられて、そんな贅沢なことがあるかしらと思うの。サモトラケのニケ（ギリシャの彫像）を初めて観たときの感動を何十回だって味わうことができる。どんなにうれしいか」

フランス人という人種との違い、軋《あつ》轢《れき》に戸惑わなかったわけではない。今

時間に追われて急いでランチをすませなくてはならない日も、中庭で日にあたりながら優雅に

2019年3月のコレクションで髙田賢三さんと。「いつも来てくれてうれしいわ」

でもそれは続く。

「たとえばフランスの女性たちは圧倒的に主張する人たちですから、日本人特有の、相手に謙遜の気持ちを持つといったことはありません。白か黒、グレーゾーンがなくて明快な物言いをする。絵の具で全部を塗りつぶす油絵と、余白を残してそこに美や、儚さ……を表現する、水墨画や書との違いといったらわかりやすいでしょうか。

　私は〝情〟に篤い人間なので、全部を聞き入れて引き受けていたなら苦しすぎてつらくなるだけです。彼女たちが悪いわけではなく、人種としての違いですね。でも、そういうことをもってしても、私がパリを好きなのは、『個』として生きられる、互いを『個』として認め合っているから。ありのままの自分でいられる場所だからです」

なんて才能がないの！　と自分を責め続けて

ファッション・デザイナーとしての人生も44年がすぎた。

「生み出すという作業はとても苦しいものです。コレクションの発表は、次から次へとやってくるけれど、アイデアが出ないときの苦しさに、毎回襲われます。この年齢になって、まだあなたには才能がないのね！　と自分を責めたくもなる。実は何百回、何千回、もうだめだ、やめようと思ったかしれません……。

　家のテーブルに、紙とペンを置いて、あっちへうろうろ、こっちへうろうろ、就寝中でもいつでも描けるように明かりを点けっぱなしにしながら」

〝好きなことをして生きるためには、心身の自由が要る〟

この時期は、眠れずに朝を迎えることもしばしばで、ひとり孤独に苛《さいな》まれることもある。

「何かを見いだしたくて、外出中も常にバッグに鉛筆とメモ用紙を持ち歩いています。ひとつの発端があって、アイデアがわく瞬間がくるの。たとえば2019-'20年秋冬コレクションは60年代の映画に出ていた大好きな女優、モニカ・ヴィッティがイメージとなりました。ふと、彼女のコケティッシュな美しさが頭に浮かんだのです。そこからどんどんアイデアが膨らんで一気にデザイン画を描き始めました」

順子さんはよく〝回り続ける水車〟に自分をたとえる。決して停まることのできない、駆け続ける人生――。

「中間と期末試験が終わりなく続いていくみたいな感覚です。誰に勧められたわけでもないのに、そういう道を知らぬ間に選んでしまった。いえ、いつも自分で選んでしまうのかもしれない」

足枷をつけられることがいちばん嫌いだった

デザイナーという職業が、〝宿命〟だとは思っていないが「昔、母に言われた『ひとりでも生きられるように!』という言葉が、ずっと脳裏に残っている」という。

「結局のところ、苦しくても自分が好き! と思うこと、面白そうだと好奇心がわく方向に進んでしまう。そういう性質なのでしょう。

でも、好きなことしかしてこなかった、これはとても幸福なことだったと思っています。自分と向き合い続けることは苦しいけれど、誰からも我慢を強いられるわけではなく、自由に生きてこられた。

あるとき『JUNKO SHIMADAのブランドの権利を売って契約デザイナーになれば、もっと潤って、さらにいいところに住める』と誘いを受けたことがありますが、断りました。ラクかもしれないけれど、誰かに雇用されるということは、自由を奪われること。足枷をはめられて、人の顔色を見ながら、働かなければならなくなります。

私は子どものころから束縛されることが何より嫌いな性格です。誰よりも自由に生きたかった。保障などなくても、小さな規模でも、自分のやりたいことを、自分の好きなものに囲まれ、好きなようにやっていきたかった。自分の意思で生きたかったんです」

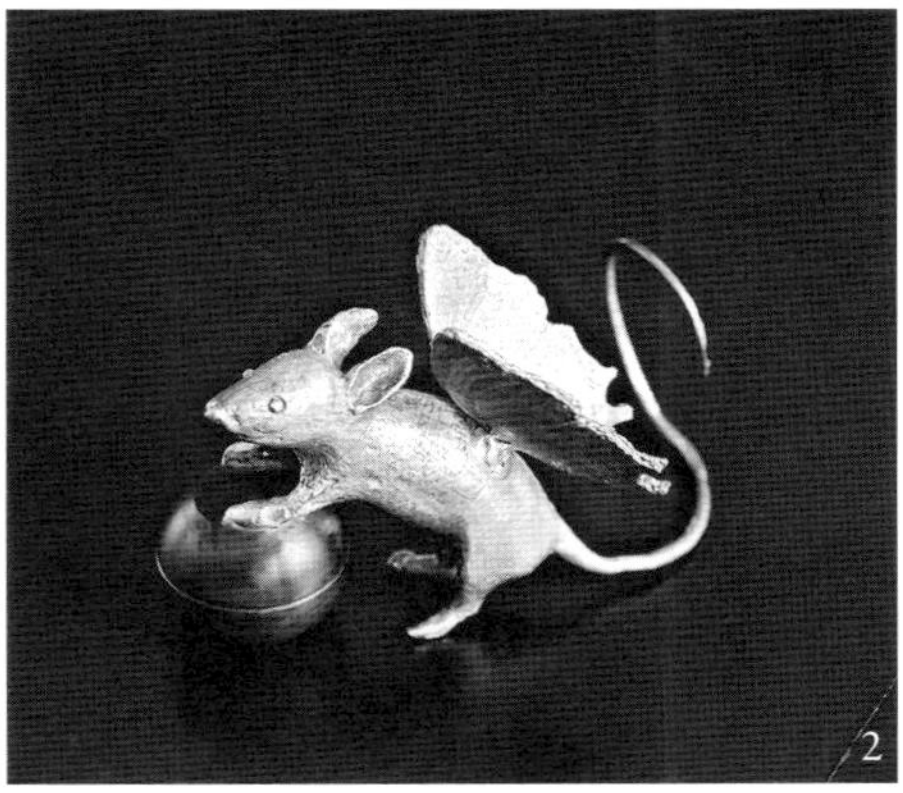

1　4月に惜しくもこの世を去ったアーティスト、クロード・ラランヌさんとは三十年来の友。クロードさんは銅やブロンズで動物や花をときにファンタジックに、ときにユーモラスに創りあげる彫刻家。その作品は数多くのアーティストやデザイナーたちにも愛された。村の家が近いこともあり、順子さんが折に触れてアトリエを訪ねる仲だった。2・3　順子さんの気持ちが落ち込んでいたときに贈られた蝶の羽を備えたねずみの置物「マダムバタフライ」とバングル。蝶の羽はうすく、軽く羽ばたくように動く。4　2月に訪ねたとき。友人とともに

〝私の人生を刺激し、豊かにしてくれた、最愛の友〟

順子さんにとって友人の存在はとても大きなもの。仕事を通じて知り合って長いつき合いの友、ご近所の方、遊び仲間、年若い人々など、人生を豊かにしてくれる、たくさんの出会いがあった。日本でもフランスでも、必然のように引き合ってきた。

この人には嘘をつけない

しかしこの春、亡くした友人、クロード・ラランヌさんは、人生の先輩として特別な存在だった。魂で結びついたような関係だった。美しくシュールな作風で知られるフランスの彫刻家で、日本では箱根彫刻の森美術館に、同業であった夫、フランソワ・ゼビエとの共作『嘆きの天使』が展示されている。93歳の生涯だった。

「初めて会ったのは、30年くらい前かしら。あ、この人には嘘をつけないと思った。すごく鋭い目をしていて、全部、見抜かれてしまいそうで。気丈で知的な人でした。工房の人たちからは気難しいおばあさんと言われていたけれど、私には心の底からやさしいと感じられた。愛がある人。お互いに似た価値観を感じたからかもしれない。私は浅いつき合いが苦手。友達とはとことん深く関わりたい性分なのね」

広い草の庭に涼しげな葡萄棚があるクロードさんの石積みの古い家を順子さんは幾度となく訪ねた。そのつど温かく迎え入れてくれた。

今、順子さんの腕には、クロードさんが作ったバングルがはめられている。黄金色の蝶をモチーフにしたもので羽の動くさまがとても美しい。1年半ほど前、落ち込んでいた順子さんに「元気を出して！」とプレゼントしてくれた。

「導いてくれる、磁石を失ったような気持ちでいます。亡くなる少し前、日本に帰ってきていた私に、写真を送ってきてくれたの。クロスフィンガー。あなたに幸福を！　っていうサインね。たくさんの作品を創りあげてきた、太くてしわくちゃの指でね。もう自分は動けないけれど、あなたは頑張るのよと、言ってくれたのだと思う」

あれから数カ月がたった。まだ心もとないままよ、というが、残された者たちは、それでも明日を生きていかねばならない。

「フランスに行ってよかった。あんなに素敵な人に会えたのだから」

いつも自由でいたい。その代償も大きいけれど

　順子さんはパリに住み始めたころモンマルトルの丘から見た、美しい夕陽が今も忘れられない。以来、一日の終わりに夕陽を眺めることが、暮らしの一部となった。フランスでも東京でも、家から夕陽が見える。

「夕空って、情景がどんどん変わっていくのがいいわよね。東京ではテラスに出て、暮れなずんでいく景色の中に身をおきます。ビルに明かりが灯り始めて、本当にきれいな時間です」

　感傷に浸る瞬間もあるが、すぐに〝私は幸運、いい人生だわ〟と思うようにしている。

「悲しいことやつらいこと、もちろんたくさんありました。そのたびに、激しく泣いたり、酔っぱらったり、友達に励まされたりしながら……やってきた。そして何より自由に生きてこられた。自由はものすごく大事。人の尊厳に関わります。そして自由であることは、責任を伴います。自由と引き換えに、払う代償はとても大きい。私はそれでいいと思っています。自由とは代償を払ってでも、得る価値があるのです。それだけの〝覚悟〟は持って生きてきました」

　そして今、生涯、ファッション・デザイナーとして生き、パリで過ごすと決意している。

学びたいことが多すぎて時間が足りない

「ある年齢になったとき、線を引いて、リタイアするだろうと考えたこともありました。でもリタイアは違う気がしたの。まだまだ自分の仕事に満足していないし、成長していきたい気持ちが強いのです。どこまでやれるかわからないけれど、今のこんな時点では終われません。だって、世の中は知らないことだらけでしょう。テレビで天気図ひとつ見ていても、ものすごく興味深い。まだまだ学びたいことが多すぎるから。私は知ったかぶりができない人間ですし、まだ足りない、もっと知りたい、と思いながら生きている。欲深なの。

　もしもリタイアするときがくるとしたら、本当の意味で満足できたときでしょう。でもその道は見えない、見えるかもわからない。遠い……です」

〝Fluide〟流れるという言葉が好き。自由であり続けたい

知らないことは、とことん知りたい。その気質は、父から受け継いだもの。

「私がまだ6、7歳だったころです。館山の家で毎晩寝ていた座敷に、額が飾ってあって、そこに書いてあった言葉があるんです。父がどなたかからいただいた手紙の、一文だったと記憶しています。

『君と一晩、心して興味を持ってお話をしたら、10年、本を読むのにも勝る』。

今もスッと言えるほど、子ども心にすごく感動した。教科書で学んだ知識ではなくて、人は生きて勉強することがある、ということを何となく感じ取った。その印象が、強く私のどこかに入りこんでいたのでしょう。面白そうと思ったら、すぐに飛び込んでしまう、その原点になっているのかもしれません」

一日、一日を一生懸命に生きていく

そして順子さんは、面白そうにアメーバの話をした。

「アメーバって細胞がひとつしかないのに、一直線に光のほうに進んでいくと昔聞いたの。細胞が37兆もある人間のほうが迷っているというのね。私はアメーバに似ているのかも。本能で小さな奇跡を信じたりして、チャンスがあれば懸けたいと。そうやって生きてきたの。

だからこそ、今日、この一日を一生懸命に生きないと、と思う。その積み重ねで今日まで来たのね」

クロードさんの人生が理想、という。

「最後までものを創りつづけて、アーティストの人生を全うすることを教えてくれた」

パリ―東京。往き来する生活はこれからも続いていく。

「この先どんな出会いが待ち受けているのか、わくわくします」

語り続けて、窓の外はすでに夕闇。

「そろそろシャンパン飲みましょうか。美味しいチーズが買ってあるの。れんこんの素揚げもしましょう」

勢いよくシャンパンの栓が抜かれて、順子さんが次々にグラスに注いでいく。透明な泡が弾けて幸福な夜が始まった。

「〝流れる〟という言葉が好きなの、私。フランス語では〝Fluide〟。ひとときもとどまっていたくないのね。自由でいたい」

水のように。風のように。島田順子という、ひとりの生き方を象徴するかのような言葉だ。

東京の自宅ベランダで。「ここは本当に夕暮れ時がきれいなの。ずーっと見ている。そんな時間が好きで」

2019-'20年秋冬の最新コレクションで決めて。コートのボリューム感と丈の絶妙なバランスが見事

Latest Collection

フェミニンでマスキュリン
相反する要素を自由に描いて

2019年3月にパリで開催された2019-'20年秋冬のコレクションは心躍る、気まぐれなコレクション。ルイス・キャロルの物語に登場するような夢とも現実ともつかない不思議な世界を自由に往き来してフェミニンなドレスからマスキュリンなコート、ジャケットなどを展示会形式で発表した。

1　丈の長いプリーツスカートやボーダーのロングマフラーが秋冬らしいボリューム感。2　軽やかなジーンズルックでコレクション会場に佇む順子さん。直前までコーディネイトやルックの並び順など細かくチェック。3　お客さまを日本茶でもてなしたいと、茶器は日本から準備。4　イメージビジュアルはブーロンマーロットで撮影した。写真はその折のスチール

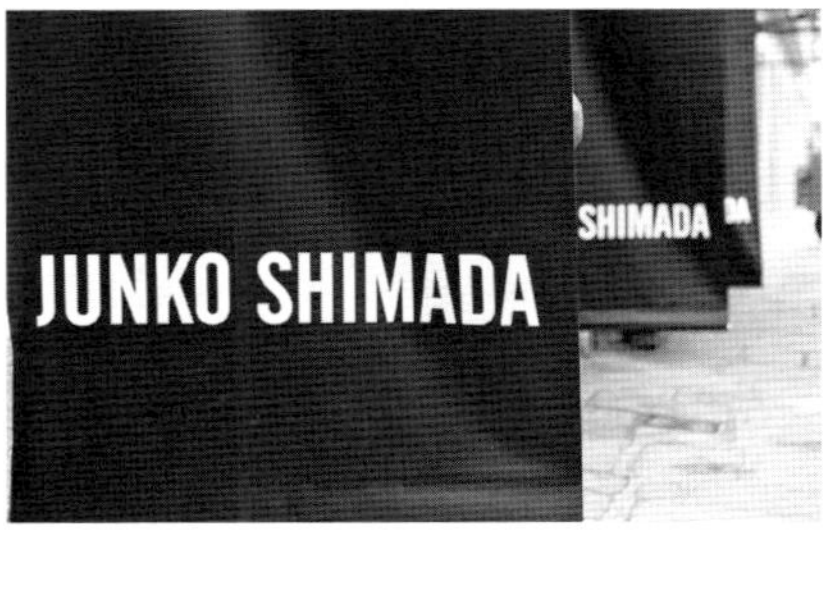

Where to go in Ningyocho

1

2

3

4

5

1. 豆腐「双葉」

涼しげな竹筒に入った竹豆腐(P.56)はお土産にはもちろん、
来客のときにも素敵な一品として重宝する。
●東京都中央区日本橋人形町2-4-9
TEL 03(3666)1028　6:00～19:00　無休

2. 人形焼「重盛永信堂」

人形焼の有名店だけれど順子さんは白あんが上品な甘さの登り鮎(P.57)をよくお使い物に買う。縁起のよい名前もグッド。
●東京都中央区日本橋人形町2-1-1　TEL 03(3666)5885
平日9:00～20:00　日曜休（戌の日、大安は営業し月曜代休）

3. 精肉「日山」

来客のときにどーんと焼くヒレ肉の塊や
焼くだけでOKのハンバーグ(P.52)をよく購入。
●東京都中央区日本橋人形町2-5-1
TEL 03(3666)5257
月～土10:00～19:00　日・祝日10:00～18:00

4. お茶「森乃園」

店頭でお茶(P.55)を焙じている香りが表通りまで漂っていて大好き。パリの友人にも好評。
●東京都中央区日本橋人形町2-4-9
TEL 03(3667)2666　平日9:00～19:00
土・日・祝日11:00～18:00

5. 洋食屋「小春軒」

ここのカキフライ、海老フライ、
コロッケ(P.52)がお気に入りメニュー。
●東京都中央区日本橋人形町1-7-9
TEL 03(3661)8830　月～土11:00～14:00、
月～金17:00～20:00　日・祝日休

写真：山下郁夫／ジョー・森山／中西千帆子（traffic）
構成・文：水田静子
アートディレクション：藤村雅史
デザイン：藤原佐和子
取材協力：JUNKO SHIMADA INTERNATIONAL ／中西千帆子（traffic）
編集：野村英里

パリ―東《とう》京《きょう》
今日《きょう》、今《いま》を生《い》きる美《うつく》しい人《ひと》
島《しま》田《だ》順《じゅん》子《こ》

2019年9月30日　第1刷発行
著　者　島田順子《しまだじゅんこ》
発行者　手島裕明
発行所　株式会社 集英社インターナショナル
　　　　〒101-0064 東京都千代田区神田猿楽町 1-5-18
　　　　☎ 03-5211-2632
発売所　株式会社 集英社
　　　　〒101-8050 東京都千代田区一ツ橋 2-5-10
　　　　☎ 03-3230-6080（読者係）
　　　　　03-3230-6393（販売部 / 書店専用）

印刷所　大日本印刷株式会社
製本所　株式会社ブックアート

　ISBN978-4-7976-7377-7 C0095